The Four Steps to the Epiphany
四步创业法

[美] Steven Gary Blank 著
七印部落 译

华中科技大学出版社
http://www.hustp.com

图书在版编目(CIP)数据

四步创业法/[美]Steven Gary Blank 著;七印部落 译. —武汉:华中科技大学出版社,2012.8(2025.5重印)
ISBN 978-7-5609-8248-9

Ⅰ.四… Ⅱ.①S… ②七… Ⅲ.企业管理 Ⅳ.F270

中国版本图书馆 CIP 数据核字(2012)第 161961 号

The Four Steps to the Epiphany © 2007 by Steven Gary Blank
The Chinese Translation © 2012 by HUAZHONG UNIVERSITY OF SCIENCE AND TECHNOLOGY PRESS under license from Steven Gary Blank
湖北省版权局著作权合同登记号 图字:17-2012-043 号

四步创业法

[美]Steven Gary Blank 著
七印部落 译

策划编辑:徐定翔
责任编辑:陈元玉
责任校对:朱 霞
责任监印:周治超
出版发行:华中科技大学出版社(中国·武汉)　　电话:(027)81321913
　　　　　武汉市东湖新技术开发区华工科技园　　邮编:430223
录　　排:华中科技大学惠友文印中心
印　　刷:湖北新华印务有限公司
开　　本:880mm×1230mm　1/32
印　　张:9.75
字　　数:192 千字
版　　次:2025 年 5 月第 1 版第 11 次印刷
定　　价:48.00 元

本书若有印装质量问题,请向出版社营销中心调换
全国免费服务热线:400-6679-118　　竭诚为您服务
版权所有　侵权必究

目　录
Table of Contents

序 1

前言 5

第 1 章　毁灭之路：传统产品开发方法 13
产品开发方法 14
问题出在哪 19
其他选择 31

第 2 章　顿悟之路：客户发展方法 37
客户发展方法 40
三种市场类型 47
产品开发与客户发展相互配合 53
小结 55

第 3 章 客户探索 ... 57

客户探索的理念 ... 60

客户探索流程概述 ... 66

第零步：争取支持 ... 69

第一步：提出假设 ... 71

第二步：检验有关待解决问题的假设 ... 94

第三步：检验有关产品的假设 ... 102

第四步：阶段小结 ... 111

第 4 章 客户检验 ... 115

客户检验的理念 ... 119

客户检验流程概述 ... 122

第一步：准备销售产品 ... 124

第二步：向潜在客户销售产品 ... 143

第三步：调整产品定位和公司定位 ... 150

第四步：阶段小结 ... 154

第 5 章 客户培养 ... 161

客户培养的理念 ... 164

客户培养流程概述 ... 172

第一步：准备发布产品 173
　　第二步：确定产品定位和公司定位 180
　　第三步：发布产品 186
　　第四步：阶段小结 196

第 6 章　组建公司 199
　　组建公司的理念 204
　　准备从天使客户向主流客户过渡 206
　　组建公司流程概述 214
　　第一步：客户过渡 215
　　第二步：树立以目标为中心的企业文化 226
　　第三步：组建职能部门 233
　　第四步：提高各职能部门的反应速度 240
　　结语 251

附录 A　客户探索备忘录 255

附录 B　客户检验备忘录 281

致谢 297

封面说明 301

序

Preface

  传奇英雄往往是新事物的缔造者、新时代的缔造者、新宗教的缔造者、新城市的缔造者、新生活方式的缔造者。他们怀揣抱负和希望的种子,革故鼎新,踏上追逐梦想的冒险旅程。

——约瑟夫·坎贝尔,《千面英雄》

英雄的旅程

  约瑟夫·坎贝尔(Joseph Campbell)从各种宗教故事和传奇故事里提炼出英雄冒险旅程的一般规律。这些故事总是从英雄受到神秘召唤开始(比如,摩西在火荆棘中看到上帝现身,卢克·天行者遇到欧比旺·克诺比),随即展开前途未卜的冒险旅程。坎贝尔发现,虽然冒险故事的情节迥异,但它们都遵循相同的叙述规律;尽管英雄的形象千变万化,但它们的内在精神是一致的。

用英雄的冒险旅程来比喻创业的过程再合适不过了。新公司和新产品往往源自神秘的梦想（常人不易发觉的目标）。创业者与职业经理人的不同之处就在于前者怀揣炽热的梦想。为了证明自己的目标不是妄想，创业者会离开安逸、舒适的环境，踏上荆棘密布、困难重重的创业旅程。创业不仅是资金的较量，更考验创业者的机智、耐力和勇气。

成功的创业者常常自诩创业经历独一无二。的确，创业者宁愿在黑暗中探索新的道路，也不愿意走他人走过的路。但是，坎贝尔关于神话故事的观点同样适用于创业公司：无论创业过程如何迥异，成功者都遵循相同的规律。冥冥中成败已有定论，只是从未被人指出。

有些人一直在摸索自己的创业方法，一生创建了一系列企业。他们总结成功的经验和失败的教训，隐约发现其中的规律——某种扩大企业规模，披荆斩棘、屡试不爽的规律。其中一位决定把这些规律写进诸位手捧的这本书里。

发现规律

客户发展（customer development）方法产生于我为两家风险投资公司提供咨询服务期间。这两家公司给我的创业项目一共投资了 1 200 万美元，但那次创业失败了。那段时间母亲提心吊胆，她总担心两家公司上门讨债。我告诉她，对方不仅不要我还钱，还希望投资我的新公司。母亲操着俄罗斯口音感叹："美国真是遍地黄金呀！"随后，我接受这两家风险投资公司的邀请，为它们的投资项目提供咨询服务。我渐渐喜欢上了这份工作，从旁观者的角度观察创业公司的发展，我总能发现其中的问题。这期间又有两家公司邀请我加盟它们的董事会。我一边担任董事，一边开展咨询服务。观察这些公司的运作方式让我对创业有了新的认识。

作为局外人，我的思考更加冷静、客观。我发现我创业时遇到的问题和分歧（公司创始人与职业经理人的分歧、产品部门与营销部门的分歧、营销部门与销售部门的分歧），如今又在这些公司重复上演。进度落后、销售疲软、资金短缺，同样的问题反复出现。一流的风险投资公司总结了一套识别常见创业问题的方法，这让我钦佩不已。当然，我不是说风险投资公司可以如此精准地识别问题："A 公司？它们犯了第 343 号错误。以下 6 种方法有可能解决它们的问题，每种方法成功的可能性分别是……"但是优秀的风险投资公司解决创业公司的问题确实功夫独到。

同时，我开始思考新的问题。既然风险投资公司可以识别，甚至预测创业公司常犯的错误，那是不是说明这些问题的出现并非偶然，而是由某种结构性的原因导致的？现有创业方式是不是由于存在某种严重的缺陷，必然引发这些问题？如果换一种方式，那么有没有可能改善现状？我咨询了几位从事风险投资的朋友，得到的答复颇令人失望："没办法，创业公司一向如此，我们一直这么干，不可能有其他办法"。

但是，等到我第八次创业（创办 E.piphany 公司）时，我终于发现了更适合管理创业公司的方式。约瑟夫•坎贝尔总结的神话故事规律同样适用于创业公司。所有创业成功的公司（无论是大型企业设立的子公司，还是从车库里起家的小公司）都遵循着相同的创业步骤——可以大大减少创业成本的步骤。所有创业成功的公司的发展历程都在向我们昭示着这种规律。

为什么有些创业公司的事业蒸蒸日上，有些却匆匆关门大吉？原因很简单：能挨过最初几年的创业公司都没有严格遵守传统的、以产品开发为中心的创业模式。而这种模式恰恰是产品经理和风险投资界以往一直信奉的。经过不断尝试、反复调整，幸存的创业公司摸索出一套新方法作为对产品开发（product development）方法的补充。这是一套研究和发现客户的方法，我称之为客户发展方法。它和产品开发方法具有同样重要的作用，我发现所有幸存的公司都在有意无意中使用着它。

本书将详细介绍客户发展方法。虽然它被所有幸存的公司使用着，但却从未记录成文；虽然它是成功者的指南，但却与常人的认识相抵触。它是隐藏在纷繁现象背后的神秘道路。

前言
Introduction

胜败输赢

你可曾想过已知的产品开发的观念都是错误的？如果知道市场上九成的产品是亏本的，你还愿意重蹈覆辙吗？你还愿意日复一日，年复一年按部就班地打造产品吗？别不信，这是真的。无论是大型跨国企业，还是临街的小公司，它们推出的产品有九成是失败的。每年把几十亿元资金投向无人问津的产品，实在是毫无必要。可笑的是，第二年我们照样执迷不悟，一意孤行。

这是产品行业的通病，无论是消费类产品，还是电子商务类产品，也不管产品的科技含量如何，大家都不能幸免。以下这些失败案例已经成为业界的笑柄。

大众辉腾轿车　大众公司羡慕丰田公司的雷克萨斯系列高端产品，也推出针对高端客户的辉腾轿车，结果一败涂地，亏损约 5 亿美元。

柯达 Photo CD 柯达公司于 1992 年推出的一款产品，它把用户的传统照片转换成数字格式保存在 CD 上，以方便用户通过电视机观看 CD 上的照片。但是这款产品来得太早，20 年前用户还无法接受它。柯达误把产品尝鲜者的需求当成了大众需求，亏损约 1.5 亿美元。

赛格威（Segway）电动代步车 赛格威公司以为人人都是目标用户，不惜重金邀请名人做广告，极力经营公共关系，但消费者似乎不为所动。公司至今没有找到目标市场，亏损约 2 亿美元。

苹果牛顿 PDA 也是一款理念超前的产品，至少早了 5 年。苹果公司错估形势，误以为市场已经成熟，亏损约 1 亿美元。

捷豹 X-Type 轿车 福特公司收购捷豹公司后推出的车型，名义上属于捷豹系列，实际上是一款低端的福特轿车。本想让捷豹的高端用户掏腰包，结果福特公司打错了算盘，亏损约 2 亿美元。

Webvan 外卖服务 Webvan 公司向网民提供随叫随到的日用品外卖服务，一度号称是王牌互联网服务。可惜 Webvan 公司像烂醉的水手一样花钱大手大脚，不顾实际市场需求盲目扩张，亏损约 8 亿美元。

索尼迷你光碟播放器（MiniDisc player） 这款迷你版的CD播放器在日本非常流行，可惜美国不是日本。持续10年的营销推广让索尼亏损约5亿美元。

R.J.雷诺兹烟草公司的无烟香烟 产品满足了公众（不吸烟人群）的需求，可惜客户（吸烟人群）不愿为此买单。亏损约4.5亿美元。

摩托罗拉铱星通信卫星电话系统 顶尖技术的结晶，号称用户数量将以百万计，可惜没人问过客户的意见，亏损约50亿美元。没错，是50亿美元，卫星可不便宜。

我可以一直罗列下去，相信类似的案例读者也知道不少。如果我告诉你这些都可以避免，你相信吗？如果有一种开发产品的方法可以大大提高成功的概率，至少可以保证有一批客户心甘情愿购买产品，你相信吗？

本书介绍的新方法很容易理解，但与普通公司的做法恰好相反，只有极少数企业家和产品经理敢于不按常理出牌。那些选择了这条道路的人发现路的尽头挤满了热情的客户。下面再举几个选择了这条道路的案例。

宝洁速易洁（Swiffer）除尘拖把 一款使用一次性静电除尘纸、带万向旋转头的除尘拖把，得益于前期细致的产品规划和用户调研，这款产品仅2003年的销售额就达到了21亿美元，

2008年销量翻了一番。

丰田普锐斯（Prius）混合动力轿车　一款极具"市场攻击力"的科技创新产品，让丰田在小众市场一样赚得盆满钵满。上市5年后，销售额达50亿美元。我预计2015年丰田的混合动力轿车将占据美国轿车市场35%的份额。

通用磨坊（General Mills）条形包装酸奶　用户研究的结果表明，条状物体最容易被蹒跚学步的幼儿和稍大一点的孩子抓取。条形包装最方便儿童享用这种美味的食品。

输赢一念间

每家公司在开发产品、发布产品、维护产品上都有一套理论和方法，包括为推出产品制定细致的规划，设置严格的目标和检验标准，为推销产品撰写市场需求文档、提炼产品特色、估计市场规模和销售额等。尽管大家付出了很多努力，却仍然无法摆脱九成产品不受市场欢迎的尴尬处境。

原因并不复杂。凡尽早地、反复地请顾客试用产品的策略必胜；凡闭门造车，不让营销部门和销售部门插手却指望他们推销产品的策略必败。道理就这么简单。

大多数公司的问题出在产品的研发活动完全局限于公司内部。它们以为有产品就会有客户。虽然它们自己看好产品的前景,但是目标客户却不一定认同。

本书不打算继续完善已有的产品开发流程。传统的做法在预测和掌握顾客行为方面显得捉襟见肘,九成产品在市场上面临的困境已经证明这一套做法行不通。死守传统产品开发流程的企业就像那位没穿衣服的皇帝,是在自欺欺人。本书将尝试解决这个问题。

我将重新审视整个产品开发流程,向读者证明因循守旧是死路一条。我提倡的客户发展方法要求尽早检验顾客需求,绝不能等到产品发布以后才醒悟。

客户发展方法的理念很简单:离开办公室,到用户中间去;在确定产品设计方案和销售策略之前,请潜在客户检验产品设计和销售策略。成功还是失败,只在这一念之间。

谁应该读这本书

刚开始动手写作时,我设定的目标读者主要是创业者。当时我认为这本书的适用范围比较窄。

我试着向风险投资公司以及它们投资的各类企业推广客户发展方法,这些企业大多已经过了最初的创业阶段。我本以为只有自主创业的企业家对客户发展方法感兴趣,而业务已步入正轨的企业里的CEO(chief executive officer,首席执行官)不会有兴趣。这些 CEO 日常工作繁忙，多半不愿意听人数落他们工作上的失误。但是，随着交流次数的增多，我发现自己错了。他们也有着和创业者同样的困惑：市场在哪里？顾客在哪里？如何组建团队？如何扩大销量？而这些问题正是客户发展方法所要解决的。

分析产品案例的文章和图书多如牛毛，我读了很多。随着我接触的大型企业越来越多，我发现客户发展方法也同样适合于大型企业推出新产品。问题是，大型企业往往有一套既定的工作流程和规定，而这些传统的做法与客户发展方法的理念背道而驰。事实上，固守这些流程和规定不仅成本极高，而且常常导致产品投放市场失败。无论产品的预期回报有多高，因循守旧的代价都是惊人的。

所以，本书的内容适用于所有计划推出新产品的公司，既包括刚起步的创业公司，也包括大型企业。本书不仅仅是写给企业家和 CEO 阅读的，它也适合一般管理者和员工阅读；既适合营销主管和销售主管阅读，也适合工程师阅读……所有为寻找目标客户和目标市场苦恼的人都可以在这本书里找到方向。

对我来说，企业家和创业者有着内在的共同点，那就是勇于冒险的精神。无论是财富 500 强企业的老板，还是在自家车库里创业的年轻后生，成功者的气质是相似的。

如果缺少激情、恒心、自律等这些企业家精神，那么所有的方法、理论、规划都是纸上谈兵。企业家与艺术家一样都需要"天赋",因而格外稀缺。坚韧不拔、锲而不舍的精神不是书本可以教授的,但并非不能习得。在我看来,去实践中磨炼是唯一的学习方式——到潜在客户中去了解客户的想法,如果客户对产品不买账,就找出原因,完善产品,直到顾客认可为止。

我只能提示读者、指出方向,能否完成冒险的旅程,则取决于每个人自己。

第 1 章

毁灭之路：传统产品开发方法

The Path to Disaster: The Product Development Model

> 你们要进窄门。因为引向灭亡的门是宽的，路是大的，进去的人也多。
>
> ——《马太福音》

旅行首先要选择路线，跟随众人的步伐总是容易的。选择创业之路也一样，沿用前人的方法，借鉴大多数企业的经验，显然更容易。然而，《马太福音》早已指出了其中的隐患：康庄大道看起来前途光明，其实往往通往毁灭。本章将解释这条路是如何将企业引向灭亡的。

先从 Webvan 公司的案例说起。作为互联网泡沫全盛时期最令人瞩目的创业公司，Webvan 公司曾野心勃勃地宣称其业务将覆盖所有美国家庭。公司筹集巨额资金（超过 8 亿美元）建立庞大的互联网日用品商店，为顾客提供可以当日送达的快递服务。顾客只需上网挑选商品、点击鼠标，足不出户就能买到日用必需品。Webvan 公司对自己的王牌服务充满信心，发誓要攻占价值 4 500 亿美元的传统日用品零售行业。公司 CEO 在接受《福布斯》杂志采访时说："我们要颠覆整个消费行业"。

Webvan 公司的创业旅程似乎一切顺利：修建大型自动化物流仓库，组建送货车队，开发方便易用的购物网站，聘请风险投资界信任的、经验丰富的 CEO。然而开张不到两年，Webvan 公司就倒闭了。为什么？

并非因为执行不力，公司上下严格执行了董事会和投资者的决策。Webvan 公司虔诚地信奉当时创业公司遵循的传统产品开发方法（包括急速扩张的理念），可唯独忘了考虑顾客在哪。传统经验就这样让一个资金雄厚、管理高效的创业公司关门歇业了。

产品开发方法

所有的公司推出新产品都会用到图 1-1 所示的产品开发方法。这种以产品为中心的开发方法产生于 20 世纪初，伴随着制造业的发展而逐渐成熟。到 20 世纪中期，它开始被大众消费品行业接受；20 世纪末，又被高科技行业采纳，现在已成为创业文化不可或缺的一部分。

图 1-1　产品开发方法图

乍看之下，图 1-1 描绘的内容无可厚非，它清晰地展示了传统的产品开发流程。这种产品开发方法很适合在成熟的、规范的市场推出产品。在这样的市场里，无论是顾客群还是顾客需求都是明确无误的。

问题在于很少有产品符合这一要求，大多数创业公司甚至不知道自己的目标市场在哪里。尽管如此，它们仍然盲目坚持采用这种方法，不仅用它开发新产品，也根据它寻找顾客，制定销售（回款）策略。连风险投资公司也利用它规划投资、估计预算。不管是哪种产品，大家都不加区分地采用同样的方法，后果可想而知。

在分析传统的产品开发方法存在的弊端之前，首先要了解它的工作原理。本章将逐一回顾产品开发方法的四个阶段。先解释每个阶段的工作原理；然后用 Webvan 公司的案例加以说明，让读者看看 Webvan 公司如何在短短两年内挥霍掉 8 亿美元；最后总结传统产品开发方法不适合创业公司的原因。

创意/愿景阶段

产品开发方法的第一个阶段称为创意/愿景阶段，它是指构思最初的产品创意、制订商业计划、争取投资的阶段。第一步，要树立产品愿景。看似不经意的创意背后往往蕴涵着创业者的理想和激情。有了创意后，第二步应该考虑这几个问题：产品（服务）的概念是什么？它具有可行性吗？为确认其可行性，是否应该深入展开技术调研？产品的功能和特色是什么？第三步，确定谁是顾客、怎样找到他们；通过拜访潜在顾客、展开市场调研，判断产品创意是否有价值。第四步，考虑如何向顾客传递产品信息，如何建立销售渠道；分析同类产品，找出自身的优势，最好制作直观的图表以方便向风险投资公司解释创业公司的创意和规划。

通过协商讨论，确定产品销售渠道，制定产品定价策略，再结合产品的生产成本、工程预算、开发进度勾勒出公司的商业计划。如果创业公司希望获得风险投资，则一定要制定有说服力的商业模型。如果是大企业开设的分公司，则一定要着重分析新公司的投资回报率，只有这样才能获得股东的支持。

Webvan 公司在第一个阶段的表现可以打满分。公司于 1996 年成立，凭借其具有煽动性的商业创意，不到一年时间就从硅谷风险投资界筹集了 1 000 万美元。此后两年，私人资本不断注入公司，达到惊人的 3.9 亿美元。而这时公司尚未开始公开发行股票。

产品开发阶段

如果第一个阶段给人天马行空的感觉,那么第二个阶段要求公司上下脚踏实地、埋头干活。所有部门各司其职,完成自己分内的工作。工程团队负责开发产品,包括设计产品(定义产品功能细节)和制造加工;制订详细的生产计划,在生产计划的基础上,进一步估计产品的开发成本和交付日期。市场营销团队负责进一步细分商业计划中定义的市场,同时开始寻找第一批潜在客户。在规范的创业公司里,市场营销团队会先组织一两个用户讨论组,并制作市场需求文档(marketing requirements document,MRD),提供给工程团队。市场营销团队会准备宣传用产品样品,撰写销售资料(演示文档、数据表格),聘请公关代理。通常,公司还会聘请一位专职的销售副总裁。

Webvan 公司的工程团队在第二个阶段完成了两项任务:建设大型自动化物流仓库和开发网站。自动化物流仓库采用了当时最先进的技术,以最大限度地节约人力资源。系统自动从货架上取下商品,由输送带将商品运送给工人打包、发货。工程团队还设计了软件系统,用来管理库存、协调物料搬运、选择送货路线。顾客下单后,系统会根据收货地址选择最合适的送货路线。软件系统与网站后台对接,可高效地处理顾客订单、备货和发货的工作。与此同时，市场营销团队开始制定市场公关策略和营销推广计划（如何邀请顾客试用服务，怎样争取回头客等），旨在树立品牌形象，培养顾客忠诚度，促进销售。

内部/公开测试阶段

第三个阶段，工程团队会先邀请一小批用户试用产品，根据反馈信息尽量消灭产品存在的缺陷，以确保产品符合设计要求，能正常工作。市场营销团队开始制订更细致的品牌推广计划，向销售团队提供详细的营销资料和宣传资料。公关团队同时细化产品定位，接洽权威媒体，开展一系列公关活动。

此后，销售团队开始寻找公开测试用户（愿意付费提前使用产品的用户），建立销售渠道，在外地设立销售网点。公司CEO开始四处发表筹款演讲，约见投资者，进一步募集资金。同时，风险投资公司开始根据第一批顾客的订单数估计产品的发展前景。如果风险投资公司满意产品的表现，则多半会增加投资金额。

Webvan公司的公开测试是1999年5月开始的，有1 100名顾客参加了公开测试。同时，市场营销团队展开了一场以公关"闪电战"为序幕的大规模推广活动，所有主流媒体一齐为Webvan公司呐喊助威。在强有力的宣传攻势下，风险投资公司又争先恐后地向Webvan公司投资了上千万美元的资金。

正式发布产品

最后一个阶段是正式发布产品,公司开始全面扩张。销售团队斥重金在全国各地建立销售网点,力争完成销售配额,实现销售目标。市场营销团队日夜不停地组织媒体进行宣传,参加各种贸易展销会,利用广告、邮件、电话"轰炸"客户,以吸引客户的注意。建立销售渠道、开展大规模市场营销活动会消耗大量资金,为确保有足够的现金支撑公司的运作,CEO必须持续争取投资,或者通过首次公开招股(IPO)来获取资金。同时,董事会开始检查创业团队最初提出的商业计划的执行情况,评估销售情况。

Webvan 公司的第一家分店于 1999 年 6 月(公开测试一个月后)正式营业。首次公开招股当天,公司募集了 4 000 万美元的资金,市值一度高达 85 亿美元——超过三大连锁超市市值的总和。

问题出在哪

有创业经历的人一定都听说过以产品为中心的创业方法。这种传统的产品开发方法已经深入人心,几乎是所有企业的必用策略,质疑其合理性简直是冒天下之大不韪。但是,包括 Webvan 公司在内的众多公司的失利是不可否认的事实。其实,产品开发方法的名称已经暴露了其自身的不足。它关注的重点只是产品,而忽略了顾客、市场、营销,甚至财务。传统的产品开发方法主要存在如下 10 个问题。

1. 不清楚顾客在哪里　产品开发方法完全忽略了这样一个创业基本事实:导致企业失败的最主要原因(也是最大的风险)不是产品开发流程存在问题,而是缺少顾客和有效的商业模型。仅此一点足以说明,仅仅依靠产品开发方法难以打造出成功的产品。

2. 过分强调产品上市时间　产品开发方法过分强调产品的上市时间。营销部门和销售部门的主管为了配合产品上市,不得不根据既定上市时间来安排工作。问题在于这个时间只是产品开发部门完成产品开发的截止时间,它并不代表公司充分掌握了顾客的信息,也不意味着公司明白如何开展市场营销活动。在大多数企业里,营销部门和销售部门为了跟上开发部门的进度,往往只能仓促应付了事。有些投资者错误地根据这个时间来估算投资回报,肯定会错得离谱。

公司还不知道顾客和市场在哪里就盲目推出产品,这样做完全是本末倒置。在找到潜在顾客、理解他们购买产品的动机之前,营销部门和销售部门绝不可能有效地将产品推销出去。在我看来,产品开发方法过分强调生产环节和上市时间的重要性,而忽略定位顾客的环节,这是它致命的错误。

回忆一下,你的公司是不是紧盯着发布日期不放?是不是所有的工作都围绕着生产展开？发布产品的庆功会上人人一副兴奋的表情，仿佛已经大获全胜，其实真正的考验才刚刚开始。销售部门不得不费力地寻找商业计划书描述的顾客群。即使物色到几位愿意参加公开测试的顾客，这些顾客能代表主流市场的需求吗？结果往往令人大失所望，不是产品不被主流市场接受，就是产品要解决的问题毫无价值，或者是产品的运输和销售成本过高。更糟糕的是，急速扩张的营销部门和销售部门由于找不到顾客或者不理解顾客需求，只会让公司入不敷出。

在互联网泡沫急剧膨胀的背景下，加上投资者的狂热追捧，Webvan 公司一味强调服务上线时间，像打了鸡血一样疯狂扩张。公开测试时，公司雇员已经接近 400 人，接下来的 6 个月里，又增加了 500 多人。1999 年 5 月，Webvan 公司开始启用耗资 4 000 万美元建成的配送中心，当时的顾客少得可怜，根本无法充分发挥其作用。但公司仍计划再建 15 个相同的配送中心。为什么？因为这是商业计划书设定好的目标，没人关心客户买不买账。

3. 过分强调执行，忽略探索和学习　　由于创业公司总是强调要快速完成任务，所以招聘来的营销主管和销售主管认为，他们只要按部就班地运用已有的营销知识和销售技巧，保持以往的工作方式就行，无须学习新知识。

这样想后患无穷。卖产品的人首先要考虑这样几个问题。

产品解决的是什么问题？顾客是否迫切想解决这些问题？如果是企业级产品，它要解决企业里哪些人的问题？如果是针对大众的产品，怎样把产品卖给顾客？第一批销售电话应该打给谁？实现盈利至少要销售多少产品？

大多数创业者自负地回答："这些问题我心中有数，用不着再劳神"。但是我们自以为知道的往往不是事实。以往的经验不一定适用于新公司。既使你真的心中有数，也要请潜在客户检验你的想法。

以上这些问题是进入新市场的创业公司不能回避的问题。仅仅强调执行任务找不到出路，只有通过不断的探索和学习才能找到答案。为什么要强调这种区别呢？请再看看产品开发方法图。它是一种线性的、强调执行的流程，前后两步之间有严格的逻辑递进关系。但是有创业经历的人都知道，实际情况往往是前进两步后退一步，这才符合探索和学习的螺旋上升规律。客户信息和市场信息是逐步收集来的，决策绝不可操之过急。仓促决策可能让公司偏离正轨，甚至走向死胡同。能否及时纠正错误决策，决定了哪些企业会走向成功，哪些企业终将被历史遗忘。

像所有急于求成的创业公司一样，Webvan 公司早早聘请了销售主管、营销主管、产品主管，让三个部门全力执行既定的计划，忽略探索和学习顾客需求的环节。第一批商品售出后的两个月内，这三个部门的雇员人数就超过了 50 人。

4. 市场营销活动和销售工作缺少明确目标　产品开发方法的优点是具有明确定义的目标。内部测试、公开测试、正式发布产品之间的界线清晰而直观，任何阶段出现问题，都不可能进入下一个环节。但是营销和销售的情况恰恰相反，在产品正式发布之前，看似目标明确，什么都可以做，其实由于缺少必要的评估手段，所以实际情况混乱不堪。营销部门和销售部门缺少暂停工作、纠正错误的机制，甚至根本就无法察觉错误。

关键在于公司究竟需要什么样的目标。大多数销售部门和营销部门的主管强调执行各种可量化的任务，比如把增加销售收入作为工作目标（认为销售收入反映了公司对客户的理解），甚至把组建销售团队当作工作目标。营销部门的情况也大同小异，它们的目标基本上是制作数据表格、展示企业形象、协助销售、聘请公关代理、在杂志封面上做广告等。事实上，这些都不是公司真正的目标。真正的目标可以概括成：理解客户需求（是什么在困扰客户），发现顾客购买产品的规律，利用合理的商业模型获取利润。

合理的目标应该回答这些问题：我们对困扰顾客的问题理解得够深吗？顾客愿意出多少钱解决这些问题？现有产品功能可以解决这些问题吗？我们了解顾客的业务吗？我们了解顾客的需求层次吗？有没有找到愿意购买产品的顾客？产品是顾客

的不二之选吗?我们是不是对销售路线图胸有成竹,可以把产品持续不断地销售出去?实现盈利要满足哪些条件?商业计划和销售计划是否切实可行?如果商业模型有缺陷,如何应对?

Webvan 公司开业后没有设置任何可以让公司暂停下来评估结果的目标。公司预期的订单数是每天 8 000 笔,实际每天只有 2 000 笔,出现这种情况本应该及时调整策略,可是 Webvan 公司不但没有停下脚步,反而在未收到任何顾客正向反馈信息的情况下,又与 Bechtel 公司签订了 10 亿美元的合同,打算 3 年内再建造 15 座物流中心。

5. 用产品开发方法指导销售　根据产品开发方法制订客户发展计划就好比用钟表测量温度,这无异于缘木求鱼。图 1-2 展示了销售部门眼中的产品开发方法图。销售主管通常是这么盘算的:"必须赶在产品公开测试前成立一个小型销售团队,寻找喜欢尝鲜的顾客;然后赶在产品发布前,招兵买马组建完整的销售部门"。为什么?因为商业计划书向投资者承诺产品发布后就要盈利。

图 1-2　销售部门眼中的产品开发方法图

读者大概已经看出其中的荒谬之处。这个计划假设,一旦工程团队完成开发工作,产品就会大卖。怎么能这样计划?偏偏根据产品开发方法制订的商业计划就是这样写的,完全不问市场在哪里,也不管消费者愿不愿意掏钱买单。这种孤注一掷的做法,使得公司无法及时发现产品策略(计划)中存在的缺陷。万一销售策略有问题怎么办?难怪产品上市后创业公司销售主管的平均任职时间不超过 9 个月。"有产品就有顾客"与其说是一种策略,不如说是一种一厢情愿的祷告词。

Webvan 公司就存在这方面的问题,开业后销售业绩让公司大失所望。顾客完全不买商业计划的账。1999 年 6 月产品上线,6 个月后每天的订单数大约是 2 000 笔。对一家创业公司而言,这个结果似乎还不错。可惜这个数字远远无法满足投资人的胃口。超大物流中心(其吞吐量相当于 18 家超市之和)的利用率还不到 30%。按照商业计划的估算,每天至少要达到 8 000 笔订单公司才能盈利。

6. 用产品开发方法指导市场营销 在营销主管的眼里,产品开发方法图呈现的又是另一副模样(见图 1-3)。营销部门要赶在产品发布前为产品造势,为销售铺路。营销人员早在产品开发阶段就开始准备能体现公司形象和产品定位的宣传资料。在产品公开测试阶段,外聘来的公关代理公司会进一步完善产品定位,开展前期宣传。公关代理公司通常会设法邀请业内分析人士、知名人士在媒体上推广产品。

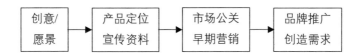

图1-3　营销部门眼中的产品开发方法图

这种做法表面看来无可厚非,其实却存在隐患——所有这些都发生在客户的消费行为之前。产品定位、营销策略、需求创造都没有经过市场的检验,所有营销计划都是在缺少市场信息和顾客反馈信息的情况下完成的。当然,有些优秀的营销人员在产品上市之前会主动与潜在顾客沟通,但这只是个人行为,缺少制度保障。营销新手大多把自己关在办公室里,而办公室里只有道听途说的消息和异想天开的主意。即使他们愿意走出办公室去进行调研,在产品开发方法的限制下效果也会大打折扣。什么时候才知道营销策略是否有效呢?必须等到产品上市之后!这样整个公司就像失控的火车一样撞向终点,没有任何机制可以让它暂停接受检修。

Webvan公司踏上了这条不归路。开业前6个月成绩勉强及格,公司积累了约4.7万名顾客,但是顾客数量增长逐渐趋缓。每日交易回头客占71%,这一方面说明Webvan公司急需新顾客;另一方面说明有些顾客试用后再也没有回来,因此公司有必要改善服务留住这些顾客。种种迹象表明商业计划的预期过于乐观,然而,Webvan公司还是一意孤行,继续追加投资兴建大型物流中心。

7. 仓促扩张 通常，公司管理层决定是否扩大经营规模的依据有三个：产品开发方法、商业计划、预期收益。问题在于它们都假设产品一定会成功。正如上文指出，这里缺少"停车检查"的机制。在这种情况下，即使经验丰富的管理者也难免屈服于公司上下全力以赴实现商业目标的压力。

Webvan 的公司文化和当时流行的急速扩张理念如出一辙。公司在售出第一件商品之前，已经投入 1 800 万美元开发专利软件，又投入 4 000 万美元修建自动化物流仓库。Webvan 公司的仓促扩张现在已经成为商学院的典型反面案例。由于商业计划一再落空，每天的订单数远远低于盈利要求，Webvan 公司逐渐意识到过度扩张的严重性。为了增加毛利润，公司必须大幅增加订单数和订单金额。

8. 恶性循环 仓促扩张会直接诱发公司陷入恶性循环，同时加快恶化速度。公司各职能部门的开销、日常维护开支逐步消耗公司的现金流。与此同时，营销部门还在大把花钱投放广告，制造舆论攻势，刺激市场和消费。如果等到产品发布时，公司对市场和顾客还是知之甚少，情况可就不妙了。销售业绩逐渐疲软，董事会越来越焦虑。销售主管被迫向董事会保证将扭亏为盈，然后不断向下属施加压力。迫于压力，销售部门也没有时间停下来反思，他们不得不频繁更换销售策略，希望抓住救命稻草。这进一步加快了"烧钱"的速度。

营销部门的情况也好不到哪里去，由于缺少对顾客的了解，产品的展示方案每周一变（甚至每天一变），弄得销售部门不知所措。渐渐地，营销部门的士气越来越低，而销售部门也开始怀疑这样的产品是否卖得出去。等到下次召开董事会时，如果销售业绩还是没有起色，那么董事会成员的脸色会很难看。这时，不只是销售主管，连 CEO 的头上也要冒冷汗了。所有部门开销的压力都落到销售部门的头上。没有收益，商业计划完全成了纸上谈兵。危机氛围开始笼罩整个公司。

过不了多久，现任销售主管就会被解雇。新任销售主管势必全盘否定前任的做法，重新制定产品定位策略和销售策略。新任销售主管与董事会通常会有一个短暂的"蜜月期"，在这段时间里他可以"为所欲为"。这时轮到营销主管冒冷汗了，因为新任销售主管是来解决销售问题的，营销部门当然要全力配合，积极响应。如果销售业绩仍无起色，营销主管就得卷铺盖走人。撤换销售主管和营销主管之后，董事会就会考虑更换 CEO 了。但这可不容易办到，因为 CEO 通常是公司创始人之一，他会竭尽全力奋起反抗。谁也不愿意拿钱填无底洞，经济环境稍好的话，创业公司还能像这样折腾两三个回合，如果碰上经济危机，那么投资人的耐心会大打折扣。公司筹集不到后续资金，就只能关门大吉。

Webvan 公司并非一家私人公司，每个季度公开的财务报告清楚地表明公司业务已经陷入恶性循环。然而，公司不但没有停下脚步，反而进一步加大营销推广的力度，加紧修建物流仓库。到 2000 年底，公司的账务赤字已经超过 6 亿美元，7 个月后即宣布破产。

9. 忽视市场类型的影响　产品开发方法忽略了一个重要的事实，即不同创业公司面对的市场类型不同。常见的市场类型有以下三种。

- 现有市场（生产市场上已有的产品）。
- 全新市场（生产全新产品，开拓全新的市场）。
- 细分市场（生产改良的产品，进一步细分现有市场）。

稍后，我会详细阐述这三种市场类型。这里我只想指出，只有在第一种情况下，产品开发方法才有可能取得成功。成功的条件是原有的经验适用于产品要面对的市场。在后两种情况下，单凭产品开发方法是不可能知道顾客在哪里的。

我认为 Webvan 公司属于第三种情况，向现有市场（日用品零售市场）推出改良的产品（提供当日送达服务的在线日用品商店）。鉴于 Webvan 公司的服务理念具有的颠覆性，有人甚至认为它属于第二种情况：开拓全新的市场。无论 Webvan 公司属于哪种情况，它对客户需求和客户接受程度的理解完全来自商业计划的假设。

在这三种情况下，因为客户对产品的接受程度和接受时间完全不同，所以营销策略和销售策略大相径庭，因而维持公司经营所需的现金流也不相同。开拓全新市场的公司很可能5年内都无法盈利，而针对现有市场推出的产品一年半左右就可能收回成本。从这个角度看，采用产品开发方法不但无益，反而有害。它既不能帮助营销部门、销售部门、财务部门预测需要哪些资源，更不能帮助它们开展日常工作。

10. 好高骛远　我认为创业公司如果采用产品开发方法，一两年内就会出现致命的问题。原因是大家对它抱有以下三种不切实际的期望。

- 用产品开发方法指导与产品开发无关的经营活动，如寻找市场、发掘客户、制定商业模型。
- 客户数量会随着产品开发的进度自动增长。
- 只要产品上市，就会被客户接受。

除这三条外，投资者迫切要求盈利的压力也起了推波助澜的作用。创业公司为了赢得投资者的青睐，往往夸大市场份额和业务增长前景，故意忽略市场类型。这些乐观的假设形成商业计划，推动公司朝着不切实际的目标前进。

以上这些错误 Webvan 公司都犯了，但是许多人简单地把 Webvan 公司的倒闭归结为互联网泡沫的破灭，把失败的责任推给互联网。我认为这完全颠倒了因果关系。Webvan 公司甚至整个互联网泡沫的破灭,都是以上三种不切实际的期望造成的。"有产品就有顾客"只能用来骗取资金,绝不是成功的策略。

其他选择

既然产品开发方法有这么多缺点,那么创业公司还有其他选择吗?有人认为根本不存在"考虑周全的营销方式和销售方式",不过确实有些企业家尝试发掘成功的规律。自1990年以来,在营销和销售方面最为人津津乐道的理论是技术接纳生命周期曲线(Technology Adoption Life Cycle Curve)理论和鸿沟(The Chasm)理论。

技术接纳生命周期曲线

技术接纳生命周期曲线(见图1-4)最早由埃弗里特·罗杰斯(Everett Rogers)提出,后由杰弗里·摩尔(Geoffrey Moore)使用鸿沟理论加以完善。其主要观点如下。

- 不同顾客群接纳新技术需要的时间不同。根据接纳速度的快慢,顾客可以分为技术爱好者、产品尝鲜者、实用主义者、保守主义者和怀疑主义者五种类型。
- 技术爱好者和产品尝鲜者构成早期市场,实用主义者和保守主义者构成主流市场。
- 理论上,市场随时间变化的分布图像一口挂钟。早期市场规模较小，随后逐步增长形成主流市场。

- 相邻的顾客群体之间存在接纳鸿沟，其中早期市场与主流市场之间的鸿沟最难跨越。不同的客户需求和消费习惯是导致鸿沟出现的主要原因。
- 跨越鸿沟最大的困难在于，赢得早期市场的成功经验难以运用到主流市场。构成主流市场的顾客不会简单地跟随早期接纳者的步伐。为了赢得主流市场的青睐，还需要全新的营销和销售策略。

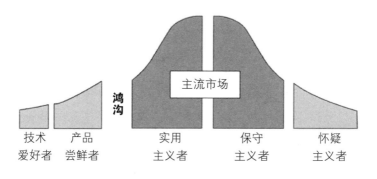

图 1-4　技术接纳生命周期曲线

我认为这些观点还不足以为刚起步的创业公司提供成功的路线图。技术接纳生命周期曲线只能告诉创业者整个市场的分布情况，但它不能激发创业者深入思考，制定有效的策略。如果你刚刚开始创业，那么看一眼图1-4就够了，至少一两年内它对你毫无帮助。因为在跨越鸿沟之前，你要解决的现实问题还有很多。事实上，大多数公司还没开始跨越鸿沟就已经倒闭了。

在区分各种客户群方面，技术接纳生命周期曲线理论的确提供了一些真知灼见，然而，这条诱人的曲线很容易把创业者引入歧途。

第一，这条曲线容易让创业者对主流市场产生不切实际的幻想，变得盲目乐观。梦想虽然可以激发动力，但是开始创业后最好把它暂时放在一边。如果公司无法赢得早期市场，那就已经出局了，根本不会有面对主流市场的机会。

第二，这条曲线暗示技术爱好者也属于早期顾客，其实他们不是。虽然技术爱好者可以帮助我们真正理解客户的需求，找到合适的营销方法，但是他们购买的商品数量有限。

第三，这条平滑的曲线展示的客户群变化情况会让人产生错觉，以为只要加大营销力度，客户数量就会增长。即使加上鸿沟理论的修正，这条曲线也只可能出现在创业者的梦里和商学院的教科书里。稍后会看到，从一种类型的客户向另一种类型的客户的过渡与市场类型有着密切的联系。

第四，技术接纳生命周期曲线理论强调"执行与接纳"的正比关系。但是正如我祖母常念叨的："有些麻烦你得有福气才能遇着"。创业公司如果一味强调执行力，那么很可能走向死胡同。相反，只有不断探索和学习，公司才能找到方向。

与其天天幻想着跨越鸿沟，不如集中精力学习和探索如何扩展业务。经过不断尝试、反复调整，幸存的创业公司都发展出一套新方法作为对产品开发方法的有益补充。我把这种以市场和顾客为中心的方法称为客户发展方法。

客户发展方法：对产品开发方法的有益补充

你能想象这样一幕吗？创业公司招聘了最出色的开发团队，但却宣称不打算采用任何生产流程和方法来控制生产进度，而是让开发团队自己凭感觉行事。听起来很滑稽，不是吗？创业公司要管理生产进度、估计上市时间无疑离不开产品开发方法。然而，在对待营销和销售上，很多公司就是这样做的，虽然招聘了出色的营销人员和销售人员，却拿不出任何可行的方法和流程指导他们寻找市场、发掘客户、验证商业模型，只能让他们凭感觉工作。

这正是客户发展方法要解决的问题。客户发展方法认为，只有采用一套独立于产品开发方法的流程，才能解决寻找早期客户、定位市场的问题。这些流程、方法统称为客户发展方法。请注意，我没有把客户发展方法称为"营销方法"或"销售方法"，因为创业刚开始时，营销和销售都还派不上用场。在开展大规模营销工作和销售工作之前，创业公司必须设法确定市场存在——有人愿意购买产品或服务。这一系列探索、尝试、学习的流程正是优秀创业公司的秘密武器——客户发展方法。

第 1 章 毁灭之路：传统产品开发方法 | 35

客户发展方法要求先检验客户需求（客户待解决的问题），再着手开发产品。此外，客户发展方法设定了一系列针对市场和客户的目标，这些目标不会因为资金多寡而提前或推迟。虽然这些目标可以明确定义和检验，但是完成任务的方式更多地取决于创业者的激情和创意。别忘了，正是这一点让创业充满魅力。

Webvan 公司的事业并非后继无人，另一家英国公司 Tesco 公司在这场龟兔赛跑中后来居上，成为全球最大的在线日用品商店。Tesco 公司不急于筹集巨额资金，而是先借助已有的零售商店展开业务，把工作重心放在学习和探索客户需求上。2002 年，Tesco 公司平均每周的订单数是 8.5 万笔，总销售额达 5.5 亿美元。Tesco 公司建立在线商店的成本大大低于 Webvan 公司，因为 Tesco 公司充分发挥了旗下 929 家连锁商店的优势。2001 年初，Tesco 公司进军美国市场，买下 Safeway 公司在线日用品零售业务 35% 的股份。我认为 Tesco 公司有意（或无意）地采用了客户发展方法。第 2 章将详细介绍这种方法。

第 2 章
顿悟之路：客户发展方法

The Path to Epiphany: The Customer Development Model

> 引向生命的门是窄的，路是小的，找着的人也少。
>
> ——《马太福音》

许多人认为家具生意不太可能有创新的空间，但是在互联网泡沫的鼎盛期，投资者迫不及待地寻找投资方向，催生了一系列令人瞩目的网络家具公司，比如 Furniture.com 和 Living.com。这些公司轻易获得几百万美元的投资，然后昙花一现般从市场中消失。但是有一家名为 Design Within Reach 的家具公司，当初不被风险投资公司看好，却一步一个脚印走到了今天。这家公司的故事很有启发意义。

正当网络家具公司受到风险投资界的追捧时，Design

Within Reach 公司的创始人罗布·福布斯（Rob Forbes）找到我，希望我帮助他寻找风险投资。罗布的目标是通过分发商品目录向客户推荐设计精美的家具，并且在最短的时间内把家具送给客户。罗布是一位专业的办公家具设计师，有着 20 多年的工作经验，他深知家具行业存在的问题：客户（装潢设计师、酒店、旅馆）下订单购买高质量的设计类家具，往往要等 4 个月时间才能拿到货。不止一位客户向罗布抱怨这件事。罗布尝试印制商品目录，列出已经完工、随时可以发货的家具（一半是他自己公司的产品）。他乐于了解客户的需求，同时在全球各地收罗精美的成品家具，不断推出新的商品目录。这项业务增长很快，但是罗布的资金不足，于是他想到了融资。

我带罗布去了硅谷沙丘路（Sand Hill Road），把他引荐给最好的风险投资人。罗布向他们介绍了自己的项目，指出企业高端家具市场至少有 170 亿美元的销售潜力。然而，传统的家具销售渠道错综复杂，销售代表、经销商、各地展示店盘根错节，层层抽取利润，导致家具价格虚高 40%，而且迟迟不能到货。很明显，罗布发现了一个亟待解决的问题，并且找到了解决方案。更重要的是客户买他的账。

罗布充分展示了家具行业糟糕的服务水平，在我看来他的介绍很有说服力，但是出人意料，风险投资公司却一致不感兴趣。"没有网站呀，也不做电子商务？怎么推广品牌呢？我们希望投资给开展互联网业务的公司。如果你愿意把商品目录变成电子商务，我们也许会考虑考虑"。罗布耐心地解释这样做是顺应客户的要求，设计师喜欢在闲暇时翻阅印刷精美的商品目录。当然，他也计划在网上开展业务，只是时机还不成熟。

"罗布"，一位投资人粗暴地打断了他的话，"要知道Furniture.com 是目前最热门的网络公司，它已经轻易筹集了 1 亿多美元的资金。所有的家具公司都争先恐后地在网上出售商品，我建议你重新考虑策略"。

我简直不敢相信自己的耳朵，罗布提出了可行的解决方案和经过实践检验的商业模型，竟然没人愿意投资。罗布是位倔强的企业家，他拒绝了风险投资公司的要求。他认为网店更适合向大众销售普通的家装家具，而他希望为小众的专业客户提供风格独特的高档家具，并且尽量缩短客户的等待时间。

罗布后来向亲友筹集资金，他的事业蒸蒸日上。经过 6 年高速发展，Design Within Reach 成长为一家年营业额 1.8 亿美元的大公司，拥有 56 家零售店和一个电子商务网站，在设计界有口皆碑。至于 Furniture.com 呢？早淹没在失败者的名单里了。

为什么 Design Within Reach 公司成功了，财力雄厚的 Furniture.com 公司反而失败了呢？罗布·福布斯的秘诀是什么？我们能从中学到什么呢？

客户发展方法

多数创业公司缺少必要的流程和方法来探索市场、发现首批客户、验证创意、促进业务增长。只有少数成功的企业（比如 Design Within Reach 公司）能做到这些。通过比较两者的差别，我提出了客户发展方法。

提出客户发展方法（见图 2-1）的目标是解决产品开发方法面临的 10 大问题（见第 1 章）。该方法把创业初期与客户相关的活动按目标划分成四个易于理解的阶段：客户探索、客户检验、客户培养和组建公司。这四个阶段环环相扣，与产品开发方法配合使用。我将分 4 章详细讨论四个阶段的目标和原理。

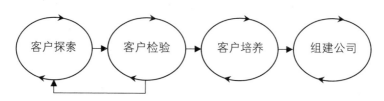

图 2-1　客户发展方法

客户发展方法不是产品开发方法的替代品，而是对它的补充。客户发展方法四个阶段的目标可以这样概括：客户探索的目标是根据既定的产品设计，去寻找目标客户，判断产品能否解决客户的问题；客户检验的目标是找出可重复使用的销售模型；客户培养的目标是激发更多的潜在客户；组建公司的目标则是从学习、探索型团队向全速运转的企业过渡。还有一条理念是客户发展方法不可或缺的一部分,即市场类型直接决定企业分配营销资源、销售资源、财务资源的方式。

客户发展方法与产品开发方法的主要区别在于,客户发展方法的每个阶段都是带有递归箭头的圆环。也就是说,每个阶段都可以重复进行。与开发产品不同,寻找客户和市场具有不可预测性,需要反复尝试调整才能成功。经验表明,这些活动的特性决定了必须反复试错才能达到目标,只有在商学院的教科书里,它们才可能是单向线性的。与产品开发方法不同,客户发展方法认为每个阶段都要经过若干次重复才能完成。请大家细细品味其中的道理,因为通过试错来积累经验是客户发展方法的核心思想。

以产品开发方法的眼光看,后退就意味着失败,所以传统的创业者觉得通过重复试错来学习是件令人难堪的事。从左向右推进说明一切进展顺利,反之就是失败。无怪乎营销人员和销售人员即使发现方向不对,也会不顾一切向前推进。请读者想想,如果用这种思路制造心脏起搏器和火箭,后果该多么可怕呀!

与之相反,客户发展方法认为后退是一种很自然的、有价值的探索和学习手段。它鼓励我们反复尝试,直到获得足够的"逃逸速度"(指达到目标)进入下一阶段。

注意，有一条额外的递归线从第二阶段（客户检验）引回第一阶段（客户探索）。稍后将看到，客户检验的目标是检验客户是否愿意购买产品，检验销售策略的可行性。如果这一步检验失败，则应该返回第一阶段，重新发掘客户。

采用客户发展方法可以大幅节省企业开支。在寻找客户和检验商业模型阶段，钱多反而是件坏事，让人被假象迷惑（筹集到巨额资金往往让创业者昏了头，比如为抢占市场而低价出售产品，把完善产品的事暂时搁置一旁）。客户发展方法认为，在确定客户愿意购买产品之前，企业不必组建非产品开发部门（营销部门、销售部门等），这样可以节省大笔资金。等到客户发展方法前两个阶段完成后，再增加资金培养客户、组建相关业务部门。

每当我向企业家朋友介绍客户发展方法时，对方都会频频点头表示赞同。这说明它与优秀企业的实践经验相吻合，只不过此前没有人明确提出这一概念。为了让读者从整体上把握客户发展方法，下面先简要介绍它的四个阶段。

第一阶段：客户探索

客户探索的目标是根据既定的产品设计去寻找目标客户，判断产品能否解决他们的问题。检验商业计划中关于产品、待解决问题，以及关于客户的各种假设是否正确。为此，必须放弃猜测，走出办公室去发掘最有价值的问题，弄清产品应该如何解决问题，弄清谁是你的客户（谁有权决定购买产品或影响购买决定，以及谁是产品的实际用户）。完成这些任务后，产品的特色就会变得清晰可见。请注意，客户探索的目标既不是从潜在客户那里收集产品功能，也不是不停地召开用户研讨会。在创业公司里，定义产品雏形的工作通常是由公司创始人或产品开发团队完成的。客户探索的任务是判断是否有顾客买产品雏形的账。（虽然听起来不可思议，但是最初的产品创意通常来自创始人，而不是需求调研。）

Furniture.com 和 Living.com 的创意很好。去实体店购买家具很费时间，消费者面对众多的家具卖场常常不知所措，而且排队付款着实让人难以忍受。可问题在于，这些网店虽然为产品开发设置了目标，却没有为客户发展设置目标。Furniture.com 公司为了尽快打入市场，在尚不清楚市场购买潜力的情况下，先投资 700 万美元建立了电子商务网站和供应链系统，然后仓促开张营业。公司很快就发现营销和送货的成本比预期的高，而且许多家具供应商供货热情不高，因为他们不愿得罪传统的零售卖场。尽管如此，Furniture.com 公司仍然一意孤行坚持扩张。

与此相反，罗布·福布斯一直在公司里提倡完善的客户服务。他从不呆在办公室里做黄粱美梦，也不会顽固地推销产品（创业者常犯的错误），而是不断与客户和供应商进行沟通，了解他们的工作情况和需要解决的问题。制作每期商品目录前，员工都要收集客户对前一期目录的反馈意见，结合前一期的销售情况调整当期目录的内容。每次开会，大家都会总结教训，分享经验。就这样，每一期商品目录带来的订货量都在增加，同时也吸引了新的客户。

第二阶段：客户检验

俗话说，是骡子是马，拉出来遛遛。客户检验的目标是找出可以反复使用的销售模型，供营销团队和销售团队以后使用。销售路线图是经过早期客户验证的销售流程。换句话说，客户检验要判断是否有顾客愿意掏钱购买产品。

客户探索和客户检验共同验证商业模型。完成这两步，企业可以找到顾客，定位市场，了解产品的价值，制定定价策略和渠道策略，检验销售模型和销售流程。只有当创业者发现了稳定的回头客和可以反复使用的销售流程，以及根据两者建立的商业模型后，才能进入下一阶段。

Design Within Reach 公司首先假设自己的顾客群是专业设计人士。做出这种假设自有其依据，但是他们并不迷信自己的判断，而是通过销售结果来调整自己的假设。他们不断完善假设，直到找到屡试不爽的销售模型。网络家具公司在这方面则表现得明显不足。明明发现顾客的行为与假设不符，仍然一意孤行,以致失败是迟早的事。

第三阶段:客户培养

客户培养的目标是激发更多的潜在客户,并把新的购买需求引入销售渠道。这一阶段紧接客户检验,在首批顾客的帮助下,进一步扩大客户规模。

客户培养的具体方法因市场类型而异。第 1 章介绍过,创业公司选择的目标市场不尽相同。有些公司选择的是有明确竞争对手的市场(现有市场),有些公司选择开拓全新的市场,还有些公司采用折中的办法,向现有市场推出改良产品,希望细分市场。每种情况对应的客户发展方法都不相同。

在 Furniture.com 公司计划书中,实现业务增长的主要策略是树立强大的品牌。公司投入 2 000 万美元大规模在电视、广播、互联网上投放广告,加上其他宣传开支,总营销支出达 3 400 万美元,而公司的实际销售收入只略多于 1 000 万美元。Living.com 公司甚至与亚马逊公司签订了长达 4 年、价值 1.45 亿美元的广告合同,后者承诺在其主页上放置前者的广告。品牌推广和广告轰炸只对那些了解产品和服务的客户有效。对于全新的产品来说,这样做简直是拿钱打水漂。顾客不明白企业的想法,企业也无法预测顾客的行为。

第四阶段：组建公司

组建公司的目标是完成从学习探索型的客户发展团队向编制完整的正式企业的过渡（包括招聘营销主管、销售主管、业务拓展主管等）。这些主管负责组建各自的部门，进一步扩大产品的市场份额。

客户发展方法提倡的是一种比较稳健的做法，仓促扩张对创业公司来说无异于饮鸩止渴。当 Furniture.com 公司的销售收入到达 1 000 万美元时，公司雇员已经达到 209 人，而且花钱如流水，哪怕商业计划与现实有半点不符，都将导致灾难性的后果。Furniture.com 公司的信条是"尽量花钱争取客户"。但是由不同的供货商发货，导致服务水平参差不齐，常常出现家具丢失、损坏的情况，或者迟迟不能送货。像大多数互联网公司一样，Furniture.com 公司选择花投资者的钱解决这些问题。重复采购进一步导致库房满仓。2000 年 1 月，Furniture.com 公司开始申请首次公开招股（IPO），不到半年就撤销了申请 IPO 的决定，转而申请破产保护。公司后来又募集到 2 700 万美元，但是金额比上一次少了许多。为挽回败势，Furniture.com 公司大幅削减开支，先是取消免费送货退货的承诺，改为每次收费 95 美元，后来又裁员 41%。最后 Furniture.com 公司还是没能想清楚一个问题：除了借助网络和遍布全国的家具商店，还有没有其他方法能够快捷、低成本地把家具送到顾客手里。相反，罗布花钱非常谨慎，毕竟钱都是向亲友借来的，他和团队谨慎地逐步扩大销量。罗布找到了不同于 Furniture.com 公司的销售方法：商品目录。

三种市场类型

一直以来，失败的企业都这样抱怨："真搞不明白，我们以前一直这么干呀！"创业失败不一定是因为不够勤奋，或者缺少激情，还有可能是因为不懂得区分三种市场类型。征服不同的市场必须采用不同的手段。

- 现有市场。
- 细分市场。
- 全新市场。

（《创新者的窘境》一书的作者克莱顿·克里斯滕森（Clayton Christensen）教授分别用破坏性创新和维持性创新来描述全新市场和现有市场。）

正如第 1 章指出的，创业公司面临的情况不尽相同，适用于这家公司的策略不一定适用于另一家公司。市场类型决定了一切，不加区别地对待绝不明智。

下面举个例子来说明这一点。1999 年，一家新成立的公司 Handspring 打算进军个人数字助理（PDA）设备市场。

Handspring公司的竞争对手是PDA市场的开拓者Palm公司，以及微软公司和惠普公司。Handspring公司的创始人正是Palm公司的创始人之一唐娜·杜宾斯基（Donna Dubinsky），她因为与合伙人意见不合而离开Palm公司，自立门户创办了Handspring公司。唐娜要求她的销售主管在一年内抢占PDA市场20%的份额，销售主管与营销主管商量后，决定在营销策略上突出Handspring公司产品的扩展性和性能优势。一年后，Handspring公司成功实现了目标，销售额达到1.7亿美元。Handspring公司选择的是现有市场，它的顾客知道什么是PDA，所以公司不需要花力气培育市场，在宣传上强调产品的优势即可。Handspring公司选择的策略很合适，它出色地完成了任务。

回到三年前，当时唐娜和她的团队刚刚创办Palm公司。在Palm公司成立之前，PDA市场是个全新的市场。如果唐娜当时要求销售主管在一年内抢占PDA市场20%的份额，而销售主管与营销主管决定重点宣传PDA的运行速度，那结果肯定不容乐观。1996年的大众甚至不知道PDA是什么，没人知道PDA可以用来解决什么问题，这时宣传PDA的技术优势完全是对牛弹琴。Palm公司要做的是告诉潜在顾客PDA可以解决哪些问题。1996年，Palm公司开拓的是新市场（它的产品让顾客做以前没做过的事）；而1999年，Handspring公司面对的是现有市场。

这个例子说明市场类型决定一切,即便是功能相似的同类产品也不例外。Handspring 公司 1999 年如果直接套用 Palm 公司以往的宣传策略,肯定一败涂地;同样,Palm 公司 1996 年如果采用 Handspring 公司的宣传策略,也必定会吃苦头。

除了宣传策略外,市场类型还决定市场大小、产品定位、发布产品的方式。此外,它还决定应该如何了解顾客需求,如何掌握顾客接纳产品的速度,如何调查顾客对需求的理解(见表 2-1)。启动正式的营销和销售工作之前,企业必须明白自己面对的是哪种类型的市场。

表 2-1 市场类型决定一切

客　户	营　销	销　售	财　务
需求	市场大小	发行渠道	现金流
接纳速度	进入成本	利润	何时盈利
问题识别	发布形式	销售周期	
定位	竞争壁垒		

现有市场

现有市场的概念很容易理解。如果你打算生产市面上已有的产品(比如眼镜、笔记本电脑),而又不打算对它们进行大的改良和创新,只是有限地提高产品的性能或者性价比,那么你可以选择现有市场。选择现有市场有利的一面是客户和市场是现成的,不利的一面是竞争对手也是"现成的"。事实上,正是竞争对手界定了现有市场,你们将就产品及产品功能展开竞争。如果向现有市场推出改良产品,则称为进一步细分市场。

细分市场

大多数创业公司选择进一步细分现有市场。通常有两种方式:低成本策略和小众策略。顾名思义,低成本策略的目标是显著降低产品成本,向低端用户提供更高性能的产品。由于高端市场利润最大,低端市场常常被人遗弃,如果创业公司在保证盈利的前提下,能有效降低产品成本,那么通常会出奇制胜。

小众策略有所不同。小众策略的目标是解决现有产品未能解决的特殊需求(或者大幅提高现有产品某方面的性能),哪怕会增加成本。要确保新产品有足够的吸引力,就要改变原有的市场规则,占领细分市场。与低成本策略不同,小众策略通常会沿用现有市场的盈利模式。

这两种策略都试图进一步细分现有的市场。In-n-Out 汉堡公司的故事算是细分市场的典型案例。谁能想到一家新快餐公司能够在麦当劳和汉堡王两大快餐巨头的夹缝中生存下来,接连开设 200 家分店?In-n-Out 汉堡公司做到了。In-n-Out 汉堡公司发现竞争者已经远离了餐饮业的初衷。2001 年,麦当劳变着花样推出 55 种新产品，但是味道与之前的产品大同小异。不断推出新产品已经变成一种商业策略，而不是为了更好地满足顾客的需求。相比之下，In-n-Out 汉堡公司只推出了 3 种产品，各具特色。In-n-Out 汉堡公司专注提供高品质的快餐食品，赢得了顾客的青睐。

虽然多数创业公司选择进一步细分市场，但是这并不容易。低成本策略要求创业者制订长期计划，以低成本赢得市场份额，最终实现盈利；选择小众策略意味着必须面对盘踞市场的竞争者，向虎口夺食。

全新市场

什么是全新市场？这是指公司开发了一种新的产品或服务，让用户做以前无法做到的事，或者以前所未有的方式大幅提高可用性和便利性，解决空间障碍问题等。比如，康柏公司开发了便携式台式计算机，允许用户将其携带外出，从而开创了便携式计算机市场。Intuit 公司开发出 Quicken 财务软件，允许用户在计算机上管理个人财务，自动记录账单、核对账户余额，解决了许多人的麻烦。Intuit 公司开创了家庭财务市场。

开拓新市场有利的一面是没有竞争对手，因而产品性能是次要因素；不利的一面是市场情况不明朗。开拓新市场面临的困难不是与同类产品竞争，而是要说服客户接纳产品。开创新市场的要求很多：发现待解决的用户问题、说服顾客接纳产品、寻找有耐心和有实力的投资者、长时间有效控制现金流等。

市场类型与客户发展方法

客户发展方法的四个阶段受市场类型的影响逐步增加。在客户探索阶段，无论市场类型如何，所有人都要离开办公室，寻找顾客，了解需求；在客户检验阶段，市场类型开始明显影响产品的销售和定位策略；在客户培养阶段，不同类型市场的销售策略则大相径庭。此时仍然不懂得区分市场类型的公司离出局已经不远了。第 5 章将会介绍如何规避这种风险。

客户发展模型四个阶段的执行时间也与市场类型有关。即便是同一种产品，进入不同类型市场所需的时间也不同。向现有市场推出产品相对容易，所需的时间从几个星期到几个月不等。相比之下，向新市场推出产品要解决的问题更多，这四个阶段也许需要一两年或更长的时间。

表 2-2 列出了各种市场类型的区别。客户发展方法提供了一套机制帮助创业者思考：我们面对的是哪种类型的市场？这个问题贯穿于客户发展方法的所有阶段。

表 2-2　不同市场类型的区别

	现有市场	细分市场	全新市场
客户群	已知	部分已知	未知
客户需求	高性能 低价格	小众需求	待发掘
竞争者	已知	已知	未知
风险	竞争激烈	竞争激烈， 市场不接纳产品	市场不接纳产品

产品开发与客户发展相互配合

　　客户发展方法不是产品开发方法的替代品，相反，客户发展与产品开发是并行不悖的。客户发展团队在公司外尽力发展客户，产品开发团队在公司内全力开发产品。两者看似没有交集，其实不然，客户发展团队和产品开发团队必须通力合作，企业才能取得成功。

　　两个团队相互作用的方式在大公司和创业公司里却截然相反。在大公司里，产品开发团队的任务是为现有市场开发后续产品。开发后续产品具有以下优势：顾客已知、需求明确、市场类型确定、竞争对手都在明处。所以在大公司里，产品开发团队与客户发展团队的配合主要体现在以合理的成本为现有顾客提供新功能和新特性，借此扩大市场，实现利润最大化。相反，多数创业公司只能猜测客户是谁，以及面对的市场是哪种类型。创业公司手中唯一的砝码是产品创意，所以客户发展团队的目标是为产品寻找市场，而不是根据已知市场优化产品。这是大公司与创业公司的最大不同。

换句话说，大公司根据已知的客户需求、市场需求、竞争格局来逐步改进产品。一旦产品功能确定，顾客和市场对产品的接受程度基本上就确定了。而创业公司不知道顾客是谁，产品说明文档来自产品开发团队的创意，公司要去寻找市场。简言之，大公司根据市场需求定义产品，而创业公司根据产品寻找市场。

无论是哪种情况，产品开发团队和客户发展团队都必须齐心协力。然而，更常见的情况是双方相互埋怨。产品开发团队指责客户发展团队："你们怎么能向顾客承诺这样的功能？我们不可能完成"。客户发展团队指责产品开发团队："怎么缺少这么多功能，我们没法向顾客交代"。我提出客户发展方法的目标之一是要解决这样的矛盾，让大家兼顾产品开发和顾客需求，齐心协力打造出色的产品。

以下是几个双方合作的原则。

- 在客户发展模型的每个阶段，产品开发团队和客户发展团队都要召开正式沟通会议。除非双方达成一致意见，否则不能进入下一个阶段。
- 在客户探索阶段，客户发展团队的首要任务是检验产品创意的价值，而不是为产品增加新功能。除非潜在客户认为产品要解决的问题没有意义，或者产品没能解决问题，产品开发团队和客户发展团队才能协商增加或者调整产品功能。
- 在客户检验阶段，产品开发团队的关键成员要承担产品的售前技术支持工作，直接与客户打交道。
- 在组建公司阶段，产品开发团队除了要负责产品的安装和技术支持外，还要组织培训，培养技术支持人员和服务人员。

随着阅读的深入，读者将看到双方的协作贯穿客户发展方法的所有环节。

小结

客户发展方法由四个阶段组成：客户探索、客户检验、客户培养和组建公司。每个阶段都有明确的目标，以方便公司和投资者准确评估进展情况。此外，前三个阶段可以在人力有限的情况下完成，从而大大节约创业成本。

虽然每个阶段的目标不同，但是客户发展流程作为整体有一个共同目标：寻找可盈利的、可扩展的商业模式，让公司实现盈利。

真正的企业家必须披荆斩棘、拨云见日。创业仅凭理想远远不够，必须依仗可靠的流程。本书尝试提出这种流程。我相信只要全面严格地执行客户发展方法，创业的成功概率就会大幅提高。

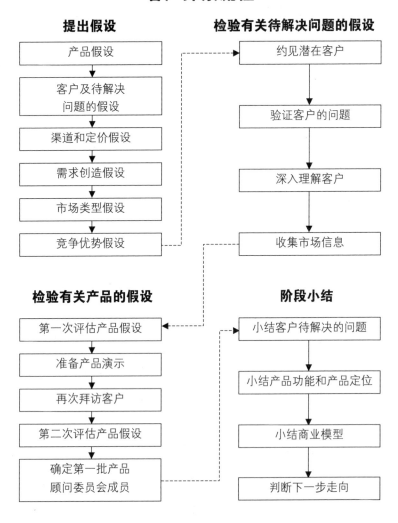

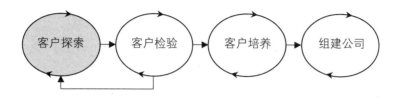

第 3 章

客户探索

Customer Discovery

> 千里之行,始于足下。
>
> ——老子

1994年,工程师史蒂夫·鲍威尔(Steve Powell)受瑞士军刀的启发设计出一款多功能的家庭办公产品。这款产品利用ISDN电话线路传输数据,具有电话的功能,可以实现来电转移,还可以收发传真、邮件、语音邮件和视频。最初,史蒂夫把这款产品的用户定位于在家中上班的SOHO一族,他估计潜在客户的数量在 1 000 万人左右。

史蒂夫的创意很诱人，他的 FastOffice 公司很快筹集到 300 万美元的投资；一年后，他又获得 500 万美元的投资。像大多数高科技创业公司一样，FastOffice 公司的发展遵循硅谷创业的传统模式，创始人史蒂夫选择产品开发方法作为创业策略。不到 18 个月，第一批产品 FrontDesk 出货了。但是，由于 FrontDesk 的零售价格高达 1 395 美元，所以 FastOffice 公司的生意可谓门可罗雀。史蒂夫和董事会本以为产品上市后公司就能逐步盈利，可是 6 个月后生意仍然冷清，投资人开始坐不住了。

史蒂夫的投资人找到我，请我帮 FastOffice 公司重新定位产品（他的潜台词是"产品销售疲软，请你想想办法！"）。FrontDesk 的功能给我留下了深刻的印象，我对史蒂夫说："这点子不赖，我也想要，多少钱一台？"得知价格后，我不得不改口说："天啦，我多半不会买，能不能先让我试用？"史蒂夫有些气恼："每位顾客都这样说，为什么？为什么你们不买？"FastOffice 公司造了一辆劳斯莱斯，却打算把它卖给开大众车的顾客。这个价格不是普通 SOHO 一族能负担得起的。

史蒂夫和他的团队犯了创业公司常犯的错误。他们花时间开发出了一款出色的产品，但是忘了花时间去探索市场。FrontDesk 不是家庭办公的必需品，而且售价太高。FastOffice 公司的产品创意遇到了麻烦。

史蒂夫开始意识到个人用户不可能购买这款昂贵的办公设备，他们需要重新调整营销策略。于是FastOffice公司解雇了原来的营销主管，重新制定了营销策略和销售策略，改为向财富500强企业分散在各地（包括在家办公）的销售人员推销产品。理由是这些企业应该愿意为手下的得力干将出这笔钱。他们还把FrontDesk改名为HomeDesk，鼓吹这款"新产品"能够把单枪匹马的销售人员装扮成装备齐全的销售团队。新计划虽然听起来不错，但是同样遭遇了"滑铁卢"。这是因为产品没有解决任何用户亟待解决的问题，让大企业销售主管夜不能寐的不是分散在各地的销售点，而是销售业绩。

第二套计划失败后，FastOffice公司又撤换了营销主管，再次修改营销策略和销售策略。于是公司开始陷入恶性循环：不停更换主管和修改策略。第三套计划失败后，董事会找来一位新CEO，把史蒂夫赶下了台。

FastOffice公司的故事并不稀奇，相反，太常见。创业公司往往一门心思想让产品尽快上市，到头来却发现客户不买账，等到察觉销售业绩不佳时为时已晚。FastOffice公司的故事还没完，介绍完客户探索的理念后，我再讲结局。

像大多数创业公司一样，FastOffice公司具备开发产品的能力，也懂得根据上市时间制订开发计划、监控开发进展，但是它缺少了解顾客和市场的客户发展目标。所谓客户发展目标，就是要回答以下四个问题。

- 是不是发现了一个客户亟待解决的问题？
- 产品能不能解决客户的问题？
- 商业模型是否切实可行、保证盈利？
- 准备好开始销售产品了吗？

客户发展方法第一阶段（客户探索）的目标就是回答这四个问题，下面将进行详细介绍。

客户探索的理念

现在正式介绍客户探索的目标。创业总是从一系列设想开始的：对产品或服务的设想，对客户需求的设想，对产品销售方式的设想。但是这些设想只是理性的预测。为了把设想变成现实（打造一家盈利的公司），必须设法验证这些设想，去伪存真。所以客户探索的目标可以概括为用事实检验创业者的设想。为此，必须寻找客户，了解客户的意见。惟其如此，才能证明设想的可行性。

听起来很容易，不是吗？但是客户探索的某些理念与传统做法截然不同，比如我认为创业公司不应该做以下几件事。

- 尽可能多地理解客户的需求。
- 尽可能多地列出客户想要的产品功能。

- 尽可能多地收集客户需求信息，提供给产品开发团队。
- 撰写详细的市场需求文档，提供给产品开发团队。
- 召开用户研讨会。

对大企业的营销主管和产品经理来说，这些我认为"不应该做的事"恰恰是他们一直在做的事。我建议创业公司应该先考虑少数客户的需求，避免广种薄收。我的这种主张他们闻所未闻，以致让他们迷惑不解。为什么不尽可能多地收集客户需求呢？创业公司打造新产品与大企业开发后续产品有什么区别？为什么会出现这种区别？

先考虑少数客户的需求，避免广种薄收

产品管理团队（或市场营销团队）有一项传统任务：撰写市场需求文档，提供给工程团队。市场需求文档包含客户对产品功能的所有需求。为了完成市场需求文档，先要召开用户研讨会，分析以往的销售数据；然后根据市场需求文档生成产品说明文档，提供给开发团队，将新功能加入新产品里。

这种做法虽然适合大公司向现有市场推出产品，但却不适用于创业公司。为什么？在大企业里，制定产品说明文档的流程可以保证开发团队生产出满足现有客户需求的后续产品，这是因为客户是已知的。但是创业公司的第一款产品往往不是针对主流市场的，没有哪家创业公司能够在第一款产品里加入主流客户需要的所有功能。如果真要这样做，那么开发产品需要好几年时间，等到产品完成，恐怕早已过时。所以创业公司通常会把精力集中在一小批客户身上，根据这些客户的反馈意见逐步增加产品功能，改进产品。我把那些既愿意购买早期产品，也愿意推广产品的客户称为"天使客户"。

天使客户：最贴心的客户

天使客户是指这样一类人，他们愿意试用产品或服务，因为你的创意能解决他们亟待解决的问题，同时他们也具有购买能力和推广热情。遗憾的是，这样的客户很少。怎样分辨天使客户呢？请看以下几个例子。

去银行存取款的人都有过长时间排队等候的痛苦经历。现在假设你打算开发一款软件产品，可以帮助银行把储户的平均等待时间从一个小时缩短到十分钟。你打算把它推销给银行，于是你找到银行总经理并告诉他："我的产品可以解决排长队的问题"。如果对方反问道："什么问题？"这说明他根本没有意识到存在的问题。这位总经理短时间内不太可能成为你的客户，从他那里收集的需求也多半派不上用场。他就是常说的"后期接纳者"，他的潜在需求还未突显出来。

如果对方回答："确实有这方面的问题，不过我们通常会为等待的客户递上一杯水，表示道歉"。这说明对方已经发现了问题,但是除了为客户递上一杯水,还不想用其他途径解决问题。这位总经理可以向你提供有用的反馈信息,但不太可能成为你的首批客户。由于他已经发现了问题,等产品占领主流市场后,他很可能成为你的客户。

如果对方回答:"这个问题确实头痛,每年至少损失50万元存款。我们一直在寻找能把存取款的时间缩短七成的软件产品,但它必须与目前的Oracle数据库兼容,价格在15万美元以内"。这说明你找对了人,这位总经理已经开始主动寻找解决问题的产品。

如果对方回答:"我一直没找到合适的软件产品,所以我打了份报告,申请IT部门自行开发。但是他们设计出来的产品不够理想,频繁出错,很难维护"。这说明你已经找到天使客户,他迫不及待想解决这个问题,甚至已经自己动手制定解决方案。

不过这还不是最理想的情况,最理想的回答是:"我们早就申请了50万美元的预算,只要你的产品能解决问题,就马上付款"。对做企业级产品的公司来说,再找不到比这更理想的客户了。虽然大众产品的消费者不像企业客户那样出手阔绰,但是一样可以按这种模式来寻找天使客户。

按解决问题的迫切心情,可以将客户分成以下五类(见图3-1)。

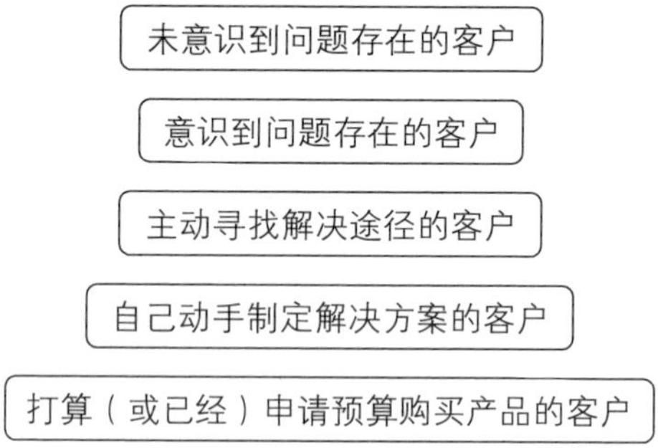

```
┌─────────────────────────────┐
│   未意识到问题存在的客户    │
└─────────────────────────────┘
┌─────────────────────────────┐
│   意识到问题存在的客户      │
└─────────────────────────────┘
┌─────────────────────────────┐
│ 主动寻找解决途径的客户      │
└─────────────────────────────┘
┌─────────────────────────────┐
│ 自己动手制定解决方案的客户  │
└─────────────────────────────┘
┌─────────────────────────────────┐
│ 打算（或已经）申请预算购买产品的客户 │
└─────────────────────────────────┘
```

图 3-1　五类早期客户

这五类客户被问题困扰的程度逐级递增，按这种方式区分客户是客户发展方法的核心内容。我认为应该在最后两类客户中寻找天使客户，他们会成为你的第一批顾客，不但反馈中肯的建议，而且四处推广产品。有可能的话，最好让他们加入你的产品顾问委员会（见第 4 章）。

根据最初的创意开发产品

创业公司应该先考虑少数客户的需求，避免广种薄收，这个想法颠覆了传统观念，也改变了相应的创业流程。新公司刚成立时，几乎不知道目标客户在哪里，也不知道客户需要什么产品功能（多数公司自以为知道）。按理说，这种情况下应该暂停产品开发，先让客户发展团队发展客户。但是，如果手头有一款可以向客户展示的、不断完善的产品（或原型），会极大提高客户发展团队的工作效率。所以更有效的做法是以创始人的创意为基础开发产品，同时发展客户。

因此，客户发展方法要求创业团队根据最初的创意开发产品（或原型），同时寻找愿意购买产品的客户。除非找不到潜在客户，否则不要轻易修改产品设计方案。请注意，对创业公司的第一款产品来说，客户发展的首要目标不是收集客户需求信息、修改产品设计方案，而是尽量寻找那些愿意购买现有概念产品的客户（检验产品是否有市场）。只有那些愿意购买现有概念产品的客户的意见才值得采纳，并提交给产品开发团队。此后，除非能证明产品设计确实存在考虑不周的情况，客户发展团队应该尽可能少提交新需求。这样做是为了避免因需求泛滥导致产品开发团队不知所措，耽误开发进度。

有些读者可能会问，如果不需要用户的反馈意见，那为什么还要与客户沟通呢？为什么不干脆闭门造车，等着客户上门？客户发展的目标是让客户了解产品的情况，保证产品上市后客户愿意掏钱购买。我并不是说不反馈客户的意见，而是应该只收集那些愿意接受现有概念产品的客户的意见，只反馈基于现有产品设计的、深思熟虑后的需求意见，这样做是为了避免频繁修改产品设计方案，做无用功。

客户发展团队越深入理解核心客户的需求，提供给产品开发团队的信息就越有价值。稍后读者将看到，两个团队之间的沟通协作保证了新需求会被加入后续产品里。

我总结一下客户探索的理念：创业公司应该放弃传统市场需求文档企图广泛收集客户需求信息的做法，转而采取为小批天使客户开发产品的做法。客户探索的目标是寻找天使客户，检验产品能否解决他们亟待解决的问题。与此同时，根据最初的创意开始开发产品，根据天使客户的反馈意见调整产品设计方案。

如果 FastOffice 公司一开始接受客户探索的理念，本来可以避免出师不利。好在公司后来调整了策略，并未破产。新任 CEO 与史蒂夫·鲍威尔（后改任 CIO）一道重新审视公司的核心技术，决定撤掉营销部门和销售部门，只保留技术部门。他们放弃了原有产品，专门研究通过数据线路传输语音的技术，后来成为电信运营商的主要设备提供商。如果早一点采用客户探索流程，就可以避免这些波折。

客户探索流程概述

上文简单介绍了客户探索的理念，下面介绍客户探索的流程。客户发展方法的四个阶段都可以划分为更小的步骤。但是与后三个阶段不同，客户探索有额外的第零步：动手之前，先要获得董事会和管理层的支持，然后才能开始正式的客户探索（见图 3-2）。

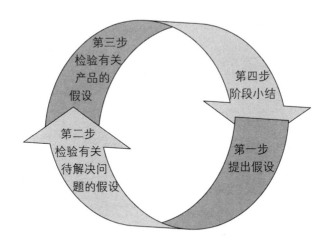

图 3-2　客户探索流程

第一步撰写备忘录，就产品创意、市场需求、客户状况、竞争格局、定价策略等提出假设，待稍后检验。

第二步寻找潜在客户，倾听客户的意见，检验有关待解决问题的假设。目标是通过掌握客户的业务状况、工作流程、组织结构，理解客户需求和客户亟待解决的问题。然后汇总信息，去芜存菁，反馈给产品开发团队，双方一起修正假设。

第三步请客户检验修改后的产品功能和产品定位。注意这一步的目标不是推销产品，而是确认产品可以解决客户的问题。

检验产品功能的同时，还要检验整个商业模型。有效的商业模型首先体现在你拥有一批高度认可产品的客户。其次，还要请潜在客户检验定价策略、销售渠道、销售流程、销售周期。最后，要留意究竟谁有权决定购买产品。不仅企业客户中存在这种情况，大众消费者也一样，例如青少年购买产品，通常是由父母买单。

第四步小结阶段性的工作成果，检查是否完成了客户探索的目标？是否理解了客户亟待解决的问题？产品能否解决客户的问题？客户是否表示愿意购买产品？商业模型能否盈利？据此撰写待解决问题备忘录、产品需求文档，更新商业计划。汇总收集到的信息，选择进入客户发展的第二个阶段（客户检验），或者再开展一轮客户探索，进一步了解市场。

本章将详细介绍客户探索四个步骤的细节。在详细介绍这四步之前，先来看看客户发展团队由哪些角色组成。

客户发展团队

客户发展方法摒弃了传统的职位，代之以更务实的、更灵活的角色分工。采用客户发展方法的创业公司，在前两个阶段不必组建销售部门、营销部门、业务发展部门，也不用招聘相应的部门主管，只需要一支具有创业精神的客户发展团队。

刚开始，可以让公司的技术创始人负责了解客户需求，由若干名开发人员负责设计开发产品。当然，最好请一位有产品管理经验或产品营销经验的人担任客户发展团队的负责人，提高客户发展团队与产品开发团队之间的沟通效率。待进入第二个阶段（客户检验）后，客户发展团队才需要新成员，比如专门负责处理订单的人。

无论人员组成如何，客户发展团队应该有实力左右产品创意和公司决策。为此，团队必须具备以下能力。

- 善于倾听客户的反对意见，捕捉产品设计、产品演示、定价策略、产品定位存在的问题。
- 充当客户与产品开发团队之间的沟通桥梁。
- 随时准备接受新信息，善于应付变化的情况。
- 擅长换位思考，理解客户的工作，设身处地地替客户着想。

第零步：争取支持

第零步的目标是争取获得公司创始人、董事会的支持，包括对客户发展方法本身的支持，以及对公司使命和核心价值的支持。让大家理解客户发展方法与产品开发方法的区别。

与产品开发方法相比，客户发展方法是新观念，并非所有人都理解，也不是所有人都了解市场类型理论及其对决策的影响。在全面推广客户发展方法之前，有必要先向投资人、创始人、董事会普及基本知识，展示其优势，确保大家理解产品开发方法与客户发展方法的区别以及市场类型的重要性，以达成一致意见，支持采用客户发展方法。

产品开发方法强调执行任务，而客户发展方法强调在失败中探索和学习。客户发展方法的每一步都要循环若干次才能完成，客户探索流程和客户检验流程都至少要重复两次以上，所以客户发展团队务必事先与董事会沟通，让董事会了解客户发展方法的循环特性，相信花费这些时间是值得的。此外，客户发展团队还要花 15% 的工作时间外出与客户进行沟通，这一点也要事先提醒大家。

写一份任务宣言，明确记录产品愿景和市场类型，最好不要超过两段话，简明扼要地点出创业想法。把它贴在墙上，随时提醒大家公司要打造什么样的产品，选择为哪一类市场服务。这是一种以任务为导向的管理方法，经常回顾公司的创业初衷，可以避免偏离目标。

还需要提出创业团队的核心价值主张。与任务宣言不同，核心价值主张与具体的产品和市场无关，它体现的是公司的价值观和基本信念，能够经受时间的考验。如一家制药厂的核心价值主张可能是："相信药品可以帮助那些需要治疗的人"。一旦公司迷失方向，核心价值主张作为价值判断的准则，可以帮助公司制定决策。我认为最成功的价值主张是《圣经》中的"十诫"。虽然历经 2 000 多年时间长河的洗礼，它仍然是犹太教徒和基督教徒的行为准则。

第一步：提出假设

公司上下认可客户发展方法后，即可进入客户探索的第一步：提出最初的假设。有必要把这些假设记录成文，因为整个客户发展过程会不断回顾、检验、修正这些假设。建议采用备忘录的形式，篇幅不超过两页纸，内容主要涉及以下几方面。

A. 产品假设。

B. 客户假设。

C. 渠道和定价假设。

D. 需求创造假设。

E. 市场类型假设。

F. 竞争优势假设。

起初有些方面也许无从下笔，可以先空着，不必担心。备忘录是个框架，用来指导我们完成后续的步骤。我们会不断回顾这些假设，随着掌握的客户信息不断增加，备忘录也会逐步完善。第一步先尽量写下已知的信息，搭建框架，以后再往里面补充内容。

A. 产品假设

产品假设包括与产品和开发有关的信息，以往这些信息通常会写在商业计划里。通过组织第一次产品开发团队与客户发展团队沟通会议，把有关产品的假设记录成文，让公司高层达成共识，这是客户发展团队开展后续工作的前提。产品开发团队了解产品开发细节，客户发展团队务必邀请产品开发部门的主管或同事参加会议，大家坐下来一起协商，共同提出以下六个方面的假设。

- 产品功能。
- 产品优势。
- 产品发布计划。
- 知识产权。
- 依赖因素。
- 客户使用产品的总成本。

每一项涉及的具体内容如下。

产品功能

用一页纸的篇幅依次记录产品的主要功能，每项功能不超过两句话（一两句话描述不清的功能，可以附上更详细的文档）。根据经验，通常最难决定的是产品功能的优先级别（先实现哪些功能，后实现哪些功能），稍后会介绍分出轻重缓急的方法。确定后的功能列表代表了产品开发部门向公司其他部门做出的承诺。

产品优势

产品优势列表记录客户使用产品的获益之处（新功能、高效率、高性价比等）。以往，产品优势列表通常是由市场部门撰写的，缺少与产品开发团队的沟通。产品开发团队往往对客户有许多假设。应该利用沟通会议的机会，让开发团队把这些假设充分表达出来。客户发展团队应该尽量少发表意见，虚心了解产品开发团队的想法，试着理解产品功能如何让用户获益，哪怕这些暂时还只是假设。客户发展团队以后会请真实用户检验这些假设。

产品发布计划

这里不仅要求产品开发团队估计第一版产品的完成日期，而且要尽可能估计后续版本的完成日期，通常以 18 个月为限。面对这样的要求，开发团队常常表示为难："现在第一版产品都没有眉目，何谈后续版本？"有必要向开发团队阐明这样做的必要性：客户发展团队向潜在客户推销产品概念时，手头没有成形的产品，唯一能做的是详细展示产品路线图，否则将很难说服潜在用户接受产品。同时说明这只是初步估计，用来向客户展示，观察客户的反应，不是板上钉钉。等到开始客户检验时，会根据收集的信息修正发布计划，那时才会确定可以向客户做出承诺的发布日期。

知识产权

接下来是有关知识产权的内容。产品设计包含新发明吗？是否可以申请专利？是不是涉及商业秘密？有没有侵犯其他专利？申请使用其他专利要支付多少费用？我知道处理知识产权问题让人头痛，而且保护专利费用不菲，但处理好这件事可以未雨绸缪。树大招风，小公司常常会起诉大公司侵犯专利，所以一开始就按规矩办事是最稳妥的策略。此外，新领域的专利将来很可能成为公司重要的无形资产。

依赖因素

由客户发展团队和产品开发部门汇总决定产品成功与否的各种客观条件，即产品畅销依赖的因素。新产品通常依赖现有产品和已有技术的普及程度（比如要求用户的手机能够上网，家里装有光纤宽带，使用电动汽车等）。还要考虑消费者的生活习惯和消费习惯，考虑社会经济走势和新出台的法规对产品的影响等。就每一项依赖因素指出需要满足的条件，需要何时满足，如果无法满足如何应对。

客户使用产品的总成本

客户使用产品的总成本除了包括购买产品的费用，还包括使用产品的成本。使用企业级产品，客户是否需要购买额外的计算机？是否需要参加培训？安装和部署产品的开销是多少？

是否会影响组织和人员结构？对大众产品来说，使用成本更抽象。是否会影响消费者的使用习惯、生活习惯、消费习惯？是否会导致消费者放弃原来使用的产品？这些假设由客户发展团队提出，请产品开发团队检查。

提出以上六个方面的假设后，公司上下对产品创意有了更细致的了解。请把这份备忘录贴到墙上，稍后会邀请客户检验这些假设，并根据客户的反馈修正假设。

B. 客户假设

提出客户假设的流程与产品假设基本相同，只是客户假设主要由客户发展团队负责完成。其中包括两个重要的假设：谁是客户和客户亟待解决的问题是什么。客户假设具体分为以下几个方面。

- 客户类型。
- 客户待解决的问题。
- 客户的工作（或生活）细节。
- 客户组织结构图和影响关系图。
- 客户的投资回报率。

客户类型

但凡推销过产品（无论是廉价的口香糖，还是昂贵的通信设备）的人都知道，每一笔生意都涉及若干客户，他们分别在不同程度上影响着销售结果。所以首先要考虑的问题是：目标客户是否由不同类型的客户组成？无论是向大公司推销流程控制软件，还是向普通家庭推销吸尘器，都必须设法满足对方内部不同类型客户的需求。了解客户类型是日后规划销售路线图的必要条件。进入客户探索后，我们会花更多精力琢磨各种客户需求。目前首先要转换观念：客户绝不是单指某一个人。我遇到过的客户大致可以分成以下几种类型。

1. 最终用户 最终用户是产品的实际使用者，是直接操作产品的人，也是对产品感触最多的人。了解最终用户的需求当然是必要的，但应该指出，在决定是否购买产品这个问题上，最终用户可能最没有发言权。比如，企业客户的决策权掌握在管理层手里，青少年消费者的购买权掌握在父母手里。

2. 影响决策者 影响决策者虽然不是产品的实际使用者，但是公司（或家庭）购买什么样的产品与他们的利益休戚相关。他们属于利益相关者，比如公司 IT 部门的员工，再比如家里 10 岁大的小男孩，他的喜好多少会影响父母对日用品的选择。

3. 推荐者 推荐者的意见有时比影响决策者的意见更重要。比如，坚持购买戴尔电脑的部门主管、钟爱某品牌女装的妻子。

4. 出资者 出资者是掌握资金预算并决定实际开支的人（推销产品的人一定都迫不及待想知道谁是出资者）。就大众消费市场而言，有实力购买正版音乐的青少年和攒够钱计划去旅游的大学生都可以看作出资者。

5. 决策者 无论最终用户、影响决策者、推荐者怎么想，最终决定购买什么产品的人是决策者。一般情况下，决策者就是出资者，但不能一概而论。在某些情况下，决策者是比出资者具有更高决策权的人，既可能是家住郊区并不富裕的家长，也可能是财富 500 强企业的 CEO。我们的任务是找到决策者，分析他们的决策受哪些因素影响。

6. 作梗者 除了以上这些客户类型外，我还想补充一种类型：作梗者。你在明处，作梗者在暗处。比如，大公司里难免有一些安于现状的人，使用新产品可能会损害他们的既得利益，甚至导致部门裁员。别指望这些人会欢迎你，唯一的办法是设法调查他们的背景，制定更有效的销售策略。最好能化敌为友，至少也要将负面影响降至最低。大众消费产品也可能遇到作梗者，比如，家里习惯了开旧款车的老人也许不愿意换新车。

制作客户备忘录首先要拟出你心目中的最终用户、影响决策者、推荐者、出资者、决策者、作梗者是哪些人。如果是企业级产品，还应该注明这些人在公司里的职位和角色。相关的假设还包括：出资者是否有足够的预算购买产品，客户是否会喜欢产品，是否应该加大推销力度说服客户增加预算等。由于尚未接触真实客户，有些内容（假设）可能无从下笔，没关系，可以先空着。空白的地方会时刻提醒你还有哪些工作没有完成。

当然,并非所有产品都要面对层次如此复杂的客户,但是绝少产品只面对单一类型的客户。划分客户类型的规则对大众消费产品同样有效,只不过影响决策者、推荐者这类头衔可能会被更熟悉的名词(如爸爸、妈妈、孩子)替代。

客户待解决的问题

接下来假设客户亟待解决的问题是什么。原因很简单:只有理解客户的问题,才能有针对性地介绍产品的功能和优势,获得更好的推荐效果。只有设身处地为客户着想,你看上去才更像一位急人之所急的朋友,而不是唯利是图的商人。

理解客户问题的关键是理解他们的麻烦和痛苦——这个问题为什么困扰客户,怎样困扰客户,以及客户希望解决问题的迫切程度。让我们回忆银行储户排长队存取款的例子。这里面显然存在问题,让我们试着从银行(即客户)的角度来看待问题。最让银行痛苦的是什么?答案因人而异,不同类型的客户感受不一样。让银行总裁痛苦的是因此导致的储户流失以及存款额下降;让分行经理痛苦的是他对低效率服务的无能为力;让银行出纳员痛苦的是不得不成天面对失去耐心、抱怨连天的储户。

如果我们问这些人一个问题:"假设可以用魔法改变现状,

你希望发生什么？"银行总裁多半希望解决方案马上到位，而且价格不能高于目前银行流失的存款额；分行经理多半希望提高存取款效率，但前提是不干扰现有业务流程，也不用更换系统软件（免得增加他的工作任务）；出纳员希望储户别再对他发脾气，但前提是千万别让他学用新软件，也别在柜台上增加眼花缭乱的显示屏和按钮。

不难想象大众消费领域也有类似的情况。假设调查一个普通家庭打算购买哪种家用轿车，我敢肯定每个家庭成员的意见都不一样。如果你以为谁赚钱多谁说了算，那就太天真了，21世纪消费者的消费决策过程绝不是这么简单的。

以上例子说明不仅要理解待解决的问题，还要理解不同层次、不同类型客户在这个问题上的需求。别忘了设想一下他们会如何回答这类问题："假设可以用魔法改变现状，你希望发生什么？"这对将来介绍产品和推销产品大有裨益。

请回忆本章开头曾根据客户解决问题的迫切程度对他们进行分类。但是为方便起见，我在上面的例子里假设银行客户已经明确知道自己面临的问题。随着了解到的客户信息越来越多，还应该进一步对客户进行以下分类。

- 有潜在需求（客户意识到问题存在，但并不急于解决）。
- 有迫切需求（客户意识到问题存在，迫切希望解决，主动寻找解决办法）。

- 主动构想解决方案（客户迫切希望解决问题，主动构想解决方案，随时准备购买更好的解决方案）。

仅仅确定要解决的问题还不够，还应该评估问题的重要性。这个问题紧急吗？就银行的例子而言，假设这家银行每年的营业利润只有 500 万美元，那么每年损失 50 万美元存款无疑是个紧急的问题。如果这家银行下设多家分行，但只有一家分行存在这个问题，那么它就不能算作紧急问题。

如果是大众消费产品，则应该问问自己，产品是客户的必需品吗？如果客户家里已经有了两辆轿车，而且保养良好，那么你的产品就不是必需品。如果两辆轿车都破旧不堪，那就又当别论。

客户的工作（或生活）细节

客户发展方法强调走出去了解客户是如何工作（或生活）的。就企业级产品而言，应该先了解客户的公司组织结构，进而深入理解对方的业务运作方式。还是以银行为例来说明。你应该以银行家的视角观察银行内部的业务流程，而不是像普通的储户那样，仅仅盯着存取款服务。例如，可以先从回答以下这些问题开始。银行出纳员（产品的最终用户）的日常工作有哪些？他们目前使用的是什么产品？每天使用这些产品的时间有多长？使用你的产品会带来哪些好处？我知道这些问题有难度，除非你做过银行出纳，否则不可能知道答案。问题在于，如果你始终对这些一无所知，那么怎么可能把解决出纳员问题的产品推销出去呢？

然后针对分行经理和银行总裁重复以上的问题。分行经理的日常工作是什么？选择你的产品对他有什么好处？银行总裁到底是干什么的？他的管理重心是什么？他凭什么购买你的产品？如果你的软件产品要与银行现有软件系统对接，还必须考虑银行 IT 部门的需求。IT 部门的日常工作是什么？银行目前用的是什么软件？现有软件系统是如何配置的？是哪家厂商的产品？IT 部门最喜欢哪家的产品？为什么？

最后，你了解金融行业的发展趋势吗？银行业有没有行业软件协会？有没有行业软件展销会？一无所知吗？没关系，只要你虚心向客户请教，很快就会找到答案。以我的经验来说，最难的往往不是寻找答案，而是提出正确的问题。

就大众消费产品而言，应该了解客户的生活习惯和相关细节，方法大同小异。消费者目前是如何解决问题的？你的产品如何解决他们的问题？促使消费者购买产品的动机是什么？

我们的目标是通过反复与客户沟通，描绘出一幅详细展示客户工作（或生活）细节的蓝图。

客户组织结构图和影响关系图

了解客户的工作（或生活）细节后，你会发现大多数客户在工作和生活中要与其他人协作，甚至请他人代劳。所以请尽可能记下你心目中可能影响客户购买决策的人，然后围绕最终用户画出他们之间的关系图。如果客户是一家大公司，那么图会比较复杂。如果客户是普通消费者，那么图会比较简单，但原理相同。组织结构图是第 4 章制定销售路线图的起点。

画完组织结构图后，接下来要标示出有关联的人（最终用户、影响决策者、推荐者、出资者、决策者、作梗者）之间的相互影响关系。你认为他们内部的销售决策是如何制定的？为了把产品推销出去，要说服哪些人？按什么样的顺序说服？这张图称为影响关系图。

客户的投资回报率

无论是企业客户还是普通消费者都希望买到最值当的产品，换句话说，谁都希望自己买的东西划算。划算不划算在专业术语里叫投资回报率（ROI），它是返回价值（如时间、金钱、资源）与投资的比例。

还是以银行排长队的例子来说明。假设每家分行每年因此流失 50 万美元存款，而存款可以为银行带来 4% 的盈利，那么每家分行每年因为储户流失造成的损失就是 2 万美元。如果 100 家分行都存在这个问题，那么每年的损失就是 200 万美元。再假设你的解决方案价格是 20 万美元，安装软件和整合系统的费用为 25 万美元，外加每年 5 万美元的售后服务费。另外，银行还要雇人负责系统的日常维护,这部分的开销约为 15 万美元,培训 100 家分行的出纳员需要约 25 万美元。

如果使用你的解决方案,银行的直接成本(银行支付给你的钱)共 50 万美元,间接成本(银行用在自己员工身上的开销)共 40 万美元,两者相加,银行的投资总额为 90 万美元。乍一看,为了把储户队伍变短花费 90 万美元相当不划算。如果事前调查了银行的情况,你就会知道解决这个问题每年可以为银行挽回 200 万美元的损失(见表 3-1)。也就是说,不到半年银行就能收回投资成本,此后每年的盈利都会增加 180 万美元。

表 3-1 银行的投资与获益

直接成本	金额	获益	金额
软件价格	20 万美元	分行挽回存款额	50 万美元
系统安装费用	25 万美元	存款利润率	4%
售后服务	5 万美元	分行总数	100 家
直接成本合计	50 万美元		
间接成本	金额		
日常维护费用	15 万美元		
培训费用	25 万美元		
间接成本合计	40 万美元		
第一年投资总成本	90 万美元	获益合计	200 万美元

表 3-1 虽然看上去很简单,只是展示了几组数字,但是请你

设想一下，如果把这组数字放到 PPT 里，逐一展示给客户，会有什么样的效果呢？

大多数创业者会在这个问题上犯错，他们要么忘了替客户考虑投资回报率，要么误把产品价格等同于客户的全部投资金额。当然，客户一般很少就这个问题发问。要推算出投资回报率，必须先了解客户的业务流程，产品推销者通常不愿费这工夫。如果你能做到这一点，那么必然脱颖而出，拔得头筹，所以我特地在客户假设里加上投资回报率这一项。只要你能大致估算出投资回报率，我打赌天使客户一定会乐于借助它向自己的公司推荐产品。即便仅仅为了这个缘故，也值得你多花点工夫。

C. 渠道和定价假设

接下来要提出有关销售渠道和产品定价的假设。因为渠道和定价是相互影响、相互制约的，所以把两者放在一起考虑。

首先考虑销售渠道。销售渠道是指产品从公司出发到抵达客户的途径。图 3-3 展示了几种可能的渠道。大多数销售渠道都离不开合作伙伴。通过中间商销售产品自不必说，即便你直接将产品销售给客户，很可能也需要合作伙伴帮你安装产品或提供附加服务（比如系统集成、整合第三方软件等）。

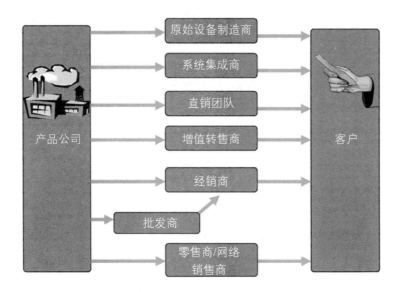

图 3-3 产品销售渠道

原始设备制造商（OEM）与系统集成商主要依靠为产品提供增值服务来获取利润，而批发商和零售商则单纯依靠转售产品获取利润。批发商和零售商的作用主要体现在为客户购买现成产品提供便利。其他销售渠道则是混合了产品销售与增值服务的灵活组合。除了直销（指产品公司直接把产品销售给客户）外，其他渠道都是间接渠道。选择间接渠道意味着产品公司不直接与客户打交道。

选择销售渠道应该考虑这三个问题：第一，该渠道是否带来增值服务；第二，产品的定价和易用程度；第三，客户的购买习惯。增值渠道通常为客户提供一对一的服务（包括安装、集成、维修等），因而价格较高。不提供增值服务的产品则通常由零售店和网络商店销售，定价相对较低。不妨问问自己，客户可能从哪种途径购买产品。是直接从你手里购买，从经销商处购买，从零售商处购买，还是通过网络购买？

其次考虑产品定价。为了制定合理的定价，应该考虑以下两个问题。如果市场上有同类产品，它们的价格水平如何？为了解决亟待解决的问题，客户愿意出多少钱？还是以银行客户为例，假设你了解到银行以 50 万美元的价格购买了功能更少的产品，那么你的产品定价在 40 万美元将具有相当大的竞争优势。如果市场上还没有同类产品，也许意味着银行要解决这个问题，只能将多个厂商的产品组合起来，这些产品总价是多少？

D. 需求创造假设

怎样让客户了解你的公司和产品是这个部分要考虑的问题。在开展客户探索的过程中，应该不断收集信息，修正这里提出的假设。有关需求创造的假设包括以下两个方面。

- 如何创造客户需求。
- 谁影响客户的购买决策。

如何创造客户需求

如果不做任何营销和推广，客户不可能自动上门排队购买产品，所以必须设法创造需求并将需求引入事先选择的销售渠道。怎样创造需求才能将其引入事先选择的销售渠道呢？广告、公关、产品展示、电话推销、群发邮件、零售促销、网络营销、口碑营销，应该选择哪种方式？每种渠道创造需求的成本都不相同，渠道越长创造需求的成本越高。最短的渠道是直销，面对面的直销不仅销售产品，而且也是隐式的营销推广，是活广告。最长的渠道是零售（比如沃尔玛和网络商店），产品只能被动地呆在货架上等人挑选，绝不会主动跳到客户面前推销自己。如果选择零售，则必须配合其他创造需求的途径，否则用户是不会主动找上门的。

此外，还要设法了解客户如何获悉公司和产品的信息。他们参加产品展销会吗？如果他们不参加，同事会参加吗？他们爱看哪些报纸杂志？最信赖哪种报纸杂志？这些信息对创造客户需求都是至关重要的。

谁影响客户的购买决策

大多数情况下，公司无法直接影响客户的购买决策，反而那些看上去与公司无利益关系的人最能刺激客户的购买欲望。每个行业和圈子都有"意见领袖"和"时尚先锋"，他们既可能是市场研究公司高薪聘请的业界权威，也可能是穿着时髦的邻家伙伴。这些人才是影响客户购买决策的有生力量。请列出你心目中能影响客户购买决策的人选。他们将来可以成为你的产品顾问,或者成为客户检验阶段公司与媒体(社区)的重要联系人。

E. 市场类型假设

第 2 章简单介绍了三种市场类型。创业型公司可以先根据产品特点选择其中一种市场类型,然后根据实际情况逐步调整策略,从而确定最终目标市场。与制定产品功能决策不同,确定市场类型并非当务之急,最终决策可以等到客户发展第三个阶段(客户培养)时再定夺。

通过不断在实践中检验最初的假设,客户发展方法最终会找到合适的市场类型。目前先让客户发展团队和产品开发团队一起参与讨论:产品是要开拓新市场、进入现有市场,还是进一步细分现有市场?如果产品是对已有产品(如计算机、PDA)的简单模仿,那么它面对的无疑是现有市场;如果是生产改良后的产品,那么它有可能细分现有市场;如果打算设计开发一种新产品,那么就是开拓全新市场。

现有市场

如果选择进军现有市场,那么产品务必要具备超出同类产品的性能优势。可以通过回答以下问题来预测产品优势,并用备忘录记录下来。

- 有哪些竞争对手?谁在引领市场?

- 竞争对手各占多少市场份额？
- 占市场份额最大的竞争对手的营销预算是多少？
- 进入现有市场的代价有多大？（参见第 5 章）
- 客户最看重哪些性能指标？竞争对手如何定义性能？
- 前三年计划占领多少市场份额？
- 竞争对手如何定义市场？
- 是否存在统一的行业标准？标准由谁制定？
- 公司是打算遵守行业标准、扩展标准，还是另立标准？

（扩展标准和另立标准意味着进一步细分市场）

可以借助竞争图直观地比较竞争优势，常见的做法是使用坐标轴的 X 轴和 Y 轴分别代表两项产品特性（比如功能—技术或价格—性能），根据竞争对手的表现标示它们的位置（见图 3-4）。

图 3-4　竞争图

进军现有市场其实是对现有产品的重新定位：设法提高目标客户看重的性能指标，使之成为产品的竞争优势。所以选择恰当的发力点是成败的关键。

细分市场

第 2 章介绍过，进一步细分现有市场的两种方式：低成本策略和小众策略。选择细分市场应该回答以下问题。

- 目标客户来自哪些现有市场？
- 目标客户有哪些特征？
- 目标客户的哪些迫切需求是现有产品无法满足的？
- 产品必须具备哪些功能才能打败竞争对手？
- 为什么竞争对手没有提供这些功能？
- 预计细分市场的规模有多大？培养这样规模的市场需要多长时间？
- 如何培养细分市场？如何创造需求？
- 预计前三年的销售额是多少？

选择细分市场的创业公司除了画竞争图外，还应该画出市场图。市场图可以直观地反映创业公司的特色（见图 3-5）。创业公司处在图的中心位置，现有市场围绕在四周。细分市场意味着创业公司将从现有市场（一系列竞争对手）抢夺客户，我用指向创业公司的箭头表示这种趋势。

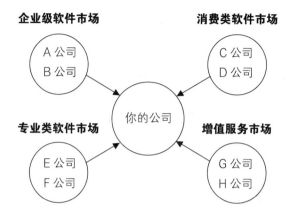

图 3-5　市场图

全新市场

创业者都希望开拓全新的市场,因为这里没有竞争对手,产品定价也更灵活。但是他们往往只看到有利的一面,忽略有风险的另一面:所谓新市场其实是尚不存在的市场——客户基数为零。选择开拓全新市场应该回答以下问题。

- 与新市场相关的现有市场有哪些?
- 潜在客户来自哪些现有市场?
- 潜在客户的迫切需求是什么?
- 产品的主要功能是什么?
- 预计新市场的规模有多大?培养这样规模的市场需要多长时间?
- 如何培养新市场?如何创造需求?

- 预计前三年的销售额是多少？
- 开拓新市场的预算是多少？
- 如果成功，如何甩开蜂拥而至的模仿者？

开拓全新市场的关键在于说服潜在客户产品可以解决他们亟待解决的问题。尝试回答以上问题将有助于你找到潜在客户和定义新市场。

F. 竞争优势假设

无论是进军现有市场，还是进一步细分现有市场，都要就产品优势开展竞争。预测竞争优势可以帮助你看清自己的优势，做到知己知彼。

如果打算开拓全新市场，那么暂时还不存在竞争对手。我建议用前面提到的市场图来预测潜在竞争对手，分析你的竞争优势。

首先估计竞争对手所占市场份额的比例，这个数字很重要。如果没有竞争对手的市场份额超过 30%，那么说明还没有出现垄断，你进入市场的机会相当大；如果最大竞争对手的市场份额已经超过 80%，那么说明市场已经出现垄断，进入市场的唯一办法是进一步细分市场（参见第 5 章）。请回答以下问题。

- 同类产品有哪些？
- 谁是直接竞争对手？

- 竞争表现在哪些方面？是功能、性能、价格，还是渠道？
- 竞争对手的产品哪些方面让你心动？哪些方面让客户心动？
- 如果暂时没有竞争对手，那么目前客户如何解决他们的问题？
- 客户凭什么选择购买我们的产品？
- 竞争对手的优势是什么？是产品功能、特色，还是服务？
- 竞争对手的宣传口号是什么？
- 相比之下，你的优势是什么？
- 你能提供更多的功能、更高的性能，还是更低的价格？
- 假设要改进同类产品的设计，你认为首先应该从哪方面下手？

创业公司习惯把与自己处在同一起跑线上的其他公司作为竞争对手。虽然创业公司之间要争夺风险投资和技术资源，但是这不构成真正的威胁。最终决定成败的是对客户的熟悉和了解。所以竞争优势分析的核心问题是：客户为什么购买你的产品？调查竞争对手和市场状况都是为了回答这个问题。

完成竞争优势假设后，案头工作告一段落。接下来进入客户探索的第二步：检验有关待解决问题的假设。我们将与潜在客户接触，收集信息，修正刚刚提出的有关客户待解决问题的假设。

第二步：检验有关待解决问题的假设

第一步提出的假设是创业团队主观的预测，很可能与实际情况相去甚远，所以第二步不但要验证这些假设，而且要根据收集到的客户反馈信息修正假设。为此，创业团队必须尽量掌握潜在客户工作和生活细节，争取用数据说话。第二阶段的任务有以下四项。

A. 约见潜在客户。

B. 验证客户的问题。

C. 深入理解客户。

D. 收集市场信息。

鉴于第一步提出的假设内容繁多（涉及客户、产品、市场、渠道、定价、竞争优势等各个方面），首次与客户接触不可能得到所有答案，所以应该把重点放在检验客户亟待解决的问题上。只有确定产品宣称要解决的问题的的确确是客户关心的问题，才能避免做无用功。

A. 约见潜在客户

无论你开发的是企业级产品，还是消费类产品，检验假设都必须走出舒适的办公环境，去寻找潜在客户，虚心了解他们的需求。如果运气好，这些人有可能成为产品的第一批客户。

首先物色 50 位调查对象。找谁呢？身边的朋友、同事、投资人、律师、会计、其他创业者等。你能找到的人都行，还可以查阅商业杂志、咨询手册，从中寻找调查对象。不必太在意对方的职位和头衔（但最好避开名人），也不必刻意寻找你心目中的目标客户，只要对方愿意抽时间回答你的问题即可。

拜访第一批调查对象时，还要注意通过他们进一步扩展人脉关系，请他们推荐朋友给你，比如喜欢搞发明创造的人、追踪新技术潮流的人。一方面，这些人可以为你提供好点子；另一方面，他们可以作为产品顾问或产品推广者的候选人。

首次与陌生人接触，要设法破冰并说服对方接受调查是有讲究的。我有两条建议：第一，让熟人推荐你；第二，事先练习，做好准备。

先写一封简短的邮件，介绍你的创业项目和你的目的。不要直接发给对方，最好请推荐人转发。然后打电话给对方。注意措辞，千万不要这么说："您好，我是 Instanteller 公司的鲍勃。我想向您介绍我们公司的新产品。"

你应该强调打算解决什么问题，然后介绍你的解决方案。可以这样说："您好，我是 Instanteller 公司的鲍勃。某某（推荐人）推荐我找您聊聊。"然后切入正题,"我们正在开发一款软件,解决银行窗口排长队的问题。我不是推销产品的,只想请教贵行如何解决这个问题。我也很乐意为您介绍最新的技术发展趋势。"

听起来很容易,但做起来不容易。你需要事先反复练习并根据不同的对象调整策略。我讨厌打电话给陌生人,但是我发现只要勇敢地打给对方,总会有收获。"好呀,你说的问题确实让我们头痛,要不你明天过来吧,我抽 20 分钟时间跟你聊聊。"再没有比听到这样的回答更让人兴奋的了。

当然,被拒绝也是常有的事,所以创业团队的所有成员应该坚持每天至少打 10 个电话,这样才能确保平均每天见到 3 位调查对象。注意分析被拒绝的原因,总结教训,这有助于提高成功率。万一被拒绝,别忘了再问一句:"如果您没空,可不可以推荐其他人跟我聊聊呢?"

约到潜在客户后,接下来准备进入正式调查阶段。

B. 验证客户的问题

前面预测了客户亟待解决的问题是什么(比如让银行头痛的是储户排长队存取款的问题)。现在是时候让潜在客户验证你的假设了。验证的方法是把你对问题的理解(包括解决方案)展示给客户看,听取客户的反馈意见。

第 3 章　客户探索 | 97

展示方式很灵活，可以写在纸上，画在白板上，或者用 PPT 演示，视具体情况而定。我建议使用表 3-2 的形式，第一列记录假设问题的列表，第二列记录目前客户自己的解决办法，第三列记录你的解决方案。介绍完第一列（问题列表）后，先问问客户是否认同你的假设，还遗漏了哪些问题，哪些问题最让他们头痛。

表 3-2　展示用表格

问题列表	目前客户的解决办法	你的解决方案
1.	1.	1.
2.	2.	2.
3.	3.	3.

万一对方不认同你的假设怎么办？注意你的目标不是说服潜在客户接纳你的想法，而是设法了解对方的意见，所以只须如实记录即可。如果对方认同你的假设，请他们解释为什么解决这些问题对他很重要，不解决会造成哪些损失（比如客户流失、利润减少、浪费时间、影响心情等）。以后替客户估计投资回报率时，这些信息将派上大用场。此外，别忘了问对方还有谁遇到类似的问题。比如银行排队的问题，其他银行是不是也遇到同样的问题？类似的服务行业呢？

接下来向客户展示第二列（目前客户自己的解决办法），询问客户是否有遗漏，他们心目中的解决方案是什么样的。最好请客户根据可行性对这些解决方案进行排序。我们的目标是了解潜在客户目前是如何解决问题的（比如，多雇用几名出纳、换更快的服务器等）。如果假设的问题确实是客户关心的，那么他们的回答往往会给你带来惊喜。下面举例子来说明。

Robo Vac 是一家生产机器人吸尘器的公司，其产品可以自动完成室内吸尘工作，无须人工操作。最初的产品定位很简单，只是替代传统人工操作的吸尘器。但是请潜在客户验证问题后，公司有了惊人的发现：对产品着迷的不是成天与吸尘器打交道的家庭主妇，而是还没成家的单身男子。除了懒得打扫房间，机器人吸尘器更满足了男性对高科技产品的追逐心理。Robo Vac 公司的天使客户很享受这种高科技产品带来的"撒手不管"的感觉。有些人甚至把机器人吸尘器当成自己的宠物。科学家相信机器人宠物可以激发人类的母（父）性，看起来 Robo Vac 公司的产品解决了某些客户这方面的需求。以上这些发现绝对不可能在办公室里讨论出来。

最后展示第三列（你的解决方案）。注意观察客户的反应，是一脸茫然，还是表情兴奋？他们听懂了你的介绍吗？如果听懂了，询问他们更喜欢你的解决方案，还是他们目前的解决方法。再次强调，我们的目标不是推销产品，而是倾听潜在客户的真实意见。

拜访潜在客户时，最好把第一步制作的备忘录带在身边，每次拜访挑出三个你最想了解的问题问客户，直到你确信已经得到答案，下次拜访时再更换问题。结束之前，我通常会再问两个问题。"在这件事上，什么让你觉得最难受？"和"假设可以用魔法改变现状，你希望发生什么？"

拜访客户不仅要检验客户亟待解决的问题，更要设法多了解客户的工作（或生活）细节。下面再谈谈如何深入理解客户。

C. 深入理解客户

为了更好满足客户的需求，无论你生产的是复杂的企业级产品，还是新潮的消费类产品，都有必要了解客户的工作（或生活）细节。除了之前提到的那些问题外，我这里再补充几个问题。

什么情况下客户愿意改变工作（生活）方式使用新产品？是便利的功能、低廉的价格，还是其他条件？以银行出纳员为例，如果可以在一种便携设备上完成存取款业务，出纳员是否愿意拿着它走出柜台为排队的储户提供服务？

在与潜在客户接触的过程中，还有一件重要的事要时刻记在心里：寻找天使客户。问问那些优秀的受访对象愿不愿意再次接受拜访？愿不愿意加入产品顾问委员会？愿不愿意把你推荐给熟人？愿不愿意帮你推广产品？

最后我想举个例子说明什么叫深入理解客户，做到什么样的程度才能称为"深入"。我有一位朋友曾经在一家生产超级计算机的公司工作，工作任务是发展石油勘探行业的客户。在此之前，他和大多数人一样对这个神秘的行业一无所知。我的朋友本来可以聘请有地质勘探背景的人替他开拓这个市场，但是经过权衡他还是决定亲自了解客户需求。

我的这位朋友开始频繁出差参加石油勘探行业的各种会议和贸易展销会，一个接一个地向客户了解需求，甚至跑到休斯顿石油工程实验室一呆数天。最后他觉得自己几乎可以冒充这个领域的专家了。他成功说服雪佛龙石油公司让他为该公司设在拉哈布拉的研究中心做一次报告，主题是利用超级计算机的图形功能辅助石油勘探。

面对30多位石油勘探专家，我的朋友介绍了计算机仿真领域的最新发展趋势，以及利用新技术如何提高石油勘探效率。但是他毕竟只是高级推销员，不是专家，进入提问环节，他的心几乎跳到了嗓子眼。报告结束后，研究中心的主管站起来说："你讲得太好了！我们很高兴贵公司派来一位懂石油勘探的工程师做报告。我们受够了那些只想推销产品的人。"我的朋友呆若木鸡地站着，不知如何作答。接下来的事更让人难忘，这位主管递给他一张名片，对他说："如果你愿意加入雪佛龙研究中心，我们随时欢迎！"我的这位朋友真正做到了深入理解客户。

D. 收集市场信息

了解具体客户及其待解决的问题后,应该进一步收集市场信息。向竞争对手的员工了解情况,找业界分析师和媒体记者了解情况,参加行业贸易展销会,这些都能帮助你更好地掌握目标市场。

每次创业前,我先大致了解行业的生态环境,然后寻找业内人士(主要是通过熟人推荐),向他们了解市场信息。我坚持每天请一位业内人士吃午饭,作为交换,他们会告诉我需要的信息。行业发展的趋势是什么?还有哪些客户需求没能满足?谁是市场的宠儿?我应该阅读哪些报纸、杂志?找谁进一步了解信息?应该和哪些潜在客户联系?如果每天见一位业内人士,那么不到半个月你就会对整个行业的情况了如指掌。

除了找人聊天,还应该查阅权威信息。华尔街的行情分析报告里很可能有你需要的数据。仔细阅读最近的报告,了解分析师如何看待市场趋势、商业模式、竞争格局、关键数据指标等。

最后,多参加行业会议和贸易展销会。这种场合最容易捕捉市场行情信息和发现天使客户。你还可以仔细观察(甚至试用)竞争对手的产品。与销售人员沟通,听听他们怎样介绍产品,了解他们如何看待未来的产品。让自己沉浸到行业中去,知己知彼,方能百战不殆。

第三步：检验有关产品的假设

前两步的目标是理解客户需求，第三步请客户验证有关产品的假设。同样，目标不是推销产品，而是收集反馈意见。第三步的任务有以下五项。

A. 第一次评估产品假设。

B. 准备产品演示。

C. 再次拜访客户。

D. 第二次评估产品假设。

E. 确定第一批产品顾问委员会成员。

A. 第一次评估产品假设

回到公司召开第二次产品开发团队与客户发展团队沟通会议（第一次会议是在提出产品假设时召开的），由客户发展团队向产品开发团队介绍第二步的工作成果，然后一起根据客户的反馈信息，修正第一步提出的产品假设。

首先，客户发展团队展示根据收集到的信息制作的典型客户工作（或生活）流程图，用于解释典型客户的工作过程（或生活习惯），包括客户的关键行为，以及在此过程中需要与哪些人协作等。

然后，客户发展团队汇报验证客户待解决问题的结果。拜访了哪些类型的客户？他们自己最想解决哪些问题？这些问题严重到什么程度？他们目前用什么方法解决问题？使用产品后客户的工作（或生活）会发生哪些变化？变化明显吗？客户是否愿意为此掏钱购买产品？拜访客户有哪些发现？最出乎意料的发现是什么？最让人失望的是什么？有哪些好消息？有哪些坏消息？

听完这些汇报后，与会者很容易判断最初的产品假设在多大程度上满足客户需求。是恰好满足还是完全无法满足？如果完全无法满足，是什么原因造成的？有没有可能客户发展团队调查的对象不合适，或者拜访的人数不够，或者该问的问题没问？

客户发展方法的一条重要原则是，除非确实无法找到合适的目标市场，否则不要大幅修改产品假设。也就是说，客户发展团队应该尽可能为最初的产品假设寻找潜在客户。这是为了避免客户发展团队犯一种常见的错误：让个别客户牵着鼻子走。总有一些客户表示只要添加某项新功能，他们就愿意购买产品。如果客户发展团队无条件地接受这些建议，产品很快就会变成无所不能的怪物。但是经验表明，面面俱到的产品往往一无是处。目标是用最少的功能满足成千上万用户的共同需求。经过反复尝试后，如果还是无法找到大量有共同需求的潜在客户，才能考虑修改产品假设。

另一种常见的情况是，产品功能与客户需求不完全匹配。遇到这种情况，应该根据客户反馈意见逐一检查第一步假设的产品功能。是不是所有功能都能解决客户的问题？哪些功能是客户不需要的？哪些功能可以留到以后再实现？剔除多余的功能后，对剩下的功能进行排序，分出轻重缓急。请记住，客户发展团队的目标不是为产品增加新功能，而是根据客户的反馈意见确定产品的最小功能集合。

最后，回顾并修改第一步提出的产品发布计划。这一点对推销企业级产品尤其重要。企业客户很看重长期稳定的服务，只有规划合理的产品才能获得青睐。所以在向企业客户介绍产品时，不能只强调第一版产品的功能，务必展示未来 18 个月的产品路线图。产品开发团队与客户发展团队在第二次沟通会议上应该就以下问题达成共识。

- 评估产品功能，经过修改、调整、删除不必要的功能后，确定第一版产品。
- 产品开发团队撰写未来 18 个月的产品路线图（不超过一页文档）。
- 回顾第一步提出的所有假设（现在明白记录成文的必要性了吧）。根据客户的反馈意见，逐一修改假设。

B. 准备产品演示

接下来着手准备产品演示。进行产品演示既不是为了争取投资，也不是为了招聘员工，而是为了请客户进一步检验产品修改后的假设，换句话说是为了完成这两个目标：确定产品可以解决客户亟待解决的问题；检验产品功能。

如果此时还无法制作真实的产品，则可以制作产品原型（重要功能不超过 5 项）。撰写介绍文案时注意避免使用夸张和不切实际的广告用语，应该从替客户解决问题的角度介绍产品，最好先介绍客户使用产品前的状态，再描述使用后的状态，两相对比效果会更好。最后别忘了准备未来 18 个月的产品路线图。

C. 再次拜访客户

准备好进行产品演示后，就要开始挑选拜访的客户。先回访第一次接受拜访的客户（如果他们愿意再见面），然后拜访第一批客户推荐的同事和朋友。就企业级产品而言，至少要比第一次多拜访 5 个新客户；就消费类产品而言，至少要比第一次多调查 50 个客户。扩大客户群将有助于今后开展客户检验。

下面以拜访企业客户为例来进行说明。与第一次拜访不同，这一次要尽量拜访掌握购买决策权的客户。以银行为例，你应该设法拜访分行的总经理和 CIO。前面介绍过的破冰方法仍然适用（参见"约见潜在客户"小节）。

见面后，为了提高沟通效率，先向客户说明产品要解决什么问题，以及为什么你认为这个问题很重要。再询问客户是否同意你的看法。由于你的假设已经根据第一批客户的反馈进行了修正，所以客户完全不赞成的可能性很小。万一出现这种情况，你应该返回第二步再次修改假设。

客户确认假设后，就可以演示（介绍）产品了。这可以帮助客户更好地理解解决方案。此时应注意观察他们的反应，询问他们是否愿意购买产品。

接下来，画出客户使用产品前后工作流程的变化，以及你认为产品还会改变公司里哪些人的工作状态，并询问客户是否认同。

整个产品演示过程应该控制在 20 分钟内。然后你应该虚心倾听客户的意见。产品是否能满足他们的需求？哪些功能是必需的？还缺少什么功能？是否需要第三方的额外支持？你的产品是否与众不同？只是某方面比同类产品表现出色还是毫无特色？

完成产品演示后，再请客户验证其他假设。先询问他们是否认同你的定价策略。关于定价，我还有两点经验可以分享给大家。第一点是"顾客终生价值"的概念，它是指客户未来可能为企业带来的收益总和。比如你开始出售给银行客户的只是解决排长队问题的产品及每年的售后服务。但是随着对客户的进一步了解，你发现还可以为客户提供一系列产品，解决客户的其他问题，从而建立长久的业务联系。我建议在制定产品定价策略时，最好从"顾客终生价值"的角度来考虑问题。

第二点是询问客户心理价格的技巧。我通常会问客户："如果免费，你愿意用我的产品吗？"这样问是为了排除价格干扰，了解客户是否喜欢产品本身。如果免费对方都不要，那么说明你找错了人，后面的问题都不用问了。如果客户表示愿意，我会接着说："谢谢，可惜不是免费的，如果价格是 100 万美元，你愿意买吗？"我的报价其实贵得离谱，所以客户通常会叫嚷："史蒂夫，你有没有搞错，这玩意顶多值 25 万美元！"客户脱口而出的正是他能接受的心理价位，这样我的目的就达到了。

接着验证有关销售渠道和营销方式的假设。客户习惯怎样购买产品？是去零售店买、去网店买，还是直销？客户通过哪些渠道了解新产品信息？是否会请人推荐产品？通常请谁推荐？会不会参加产品展销会？经常读哪些杂志和报纸？

如果是企业级产品，还要了解客户的采购流程。企业采购内部要办理哪些手续，每一步做什么，涉及哪些职位和人？还有，别忘了问"由谁掏钱"的问题。再没有比忙活了一圈，到头来发现客户没有足够的预算更糟糕的事了。可以询问对方公司哪个部门可能有足够的预算。制定销售路线图时，这些信息会派上大用场。

如果打算通过非直销渠道销售产品,还应该拜访潜在的渠道商。还记得在第一步做出的关于销售渠道的假设吗?虽然现在与销售渠道商签订合同为时尚早,但是了解他们的需求是有必要的。如果要通过对方的渠道销售产品,必须满足哪些条件?是支付货架占用费,还是承诺无条件退货?是在媒体上刊登广告和评论,还是要等大批顾客打电话询问?注意,销售渠道商对产品的了解远不及你对产品的了解,他们需要听你耐心的讲解才能理解产品的特点。

此外,还要设法掌握销售渠道商的业务流程。不掌握销售渠道商的资金周转方式,就不可能知道他们愿意进多少货,也无法知道合理的销售提成比例,更不清楚产品以什么样的价格卖给他们较合适。如何掌握销售渠道商的业务流程呢?他山之石,可以攻玉。最好的办法是向销售同类产品的公司打听内幕。设法约请这些公司的管理人员吃午饭,打听销售产品的利润和折扣。没什么好担心的,最坏的结果也不过是遭人白眼。

当然,你不太可能一次得到所有问题的答案,如果有必要,请重复客户探索的流程,直到确定自己完全理解客户的问题,并且掌握销售渠道商的业务流程。

D. 第二次评估产品假设

收集到客户对产品功能、产品定价、销售渠道的反馈信息后，客户发展团队返回公司召开第三次与产品开发团队沟通的会议，再次评估产品假设，并予以修正。

客户看过产品（或原型）演示后的反应大致可以分成以下四种情况。

- 所有客户明确表示喜欢产品，无须做任何修改。
- 客户觉得产品还不错，但希望增加这样或那样的新功能。
- 必须耐心解释，客户才能明白产品的用途，且购买欲望不强。
- 客户觉得产品毫无用处。

如果客户的反应属于第一种情况，那么恭喜可以进入客户发展方法的第二个阶段了。不过这种情况在第一轮客户探索时很罕见。

最危险的是第二种情况，客户希望增加新功能。说它危险是因为这种建议很容易得到产品开发团队的响应。工程师有追求完美的职业癖好，喜欢锦上添花。在这种情况下，追求完美不如搁置暂时可有可无的功能，先实现必需的产品功能，尽快让天使客户试用产品。根据实际使用情况再决定增加哪些功能，效果会更好。

如果遇到第三种或第四种情况，那么说明产品定位有问题。在第一轮产品探索时，遇到这种情况很正常。比如产品是各种功能的堆积，针对性不强或者特色不鲜明。这类产品通常是由产品开发团队闭门造车设计的，忽略了客户的需求。通过拜访潜在客户，验证有关产品的假设，客户探索希望解决这个问题。这样做的目的是让创业团队拨云见日，发现自己的核心技术，在此基础上调整产品定位，有针对性地满足客户的需求，并制定相应的销售策略。

FastOffice 公司的故事就是一个很好的例子。史蒂夫·鲍威尔掌握的核心技术是传输语音的芯片和软件，但他自以为产品的功能越多越好，费尽心思设计了一台一体化的办公设备。史蒂夫事后回忆说："我当时觉得这样的设备很酷，我以为别人也会这么想"。可惜客户并不领情。如果直接把芯片和软件卖给系统设备制造商或者通信设备制造商，史蒂夫的公司可以少走许多弯路。可惜那时他对客户探索的理念一无所知。

E. 确定第一批产品顾问委员会成员

每次拜访潜在客户时，都应该留心发掘热心人，特别是那些有创业经验、掌握专业领域知识的人。可以询问他们愿不愿意加入产品顾问委员会。这些人可以帮助你解决技术难题，提供专业领域知识，分享商业经验，甚至引荐重要客户。目前先物色人选，待进入第二个阶段客户检验后，还会建立正式的产品顾问委员会。

第四步：阶段小结

前三步的任务是检验有关客户待解决的问题、产品解决方案、商业模型的假设。第四步回顾、总结工作成果，判断是再开展一轮客户探索，还是进入下一阶段客户检验。

A. 小结客户待解决的问题。

B. 小结产品功能和产品定位。

C. 小结商业模型。

D. 判断下一步走向。

A. 小结客户待解决的问题

即使只完成了一轮客户探索，你至少也拜访过 20 位潜在客户。请回顾所有反馈信息，判断你是否抓住了一个客户愿意付钱解决的问题。请用简洁的、明白无误的文字在待解决问题备忘录里写下你的结论。

B. 小结产品功能和产品定位

回顾所有有关产品功能的反馈信息，检查产品功能能否解决客户的问题（即满足客户的需求）。重点考虑以下几个问题。是否有必要修改产品定位（重新组合功能）？这样做是否值得？能否在潜在客户要求的时间前生产出产品？然后用简洁的、明白无误的语言撰写产品需求文档。

C. 小结商业模型

假设已经找到了客户愿意付钱解决的问题，客户也认可产品功能，那么还要考虑这个问题：能赚到钱吗？接触了这么多潜在客户，是时候更新你的商业计划了。重点从以下几方面来考虑。

- 潜在客户愿意接受的产品价格在什么范围？是否与原来的商业计划有出入？估计三年内可以售出多少件产品？每位客户的"终生价值"大约是多少？
- 应该选择哪种销售渠道？销售成本是多少？销售周期有多长？
- 是否需要第三方为产品提供安装、配置、技术支持等服务。这些服务会给客户增加多少额外开销？你应该提供哪些售后服务？原来的商业计划有没有包括这些内容？
- 从调查情况来看，应该选择哪些途径宣传产品？应该采用哪些方式争取新客户？争取新客户的平均成本大约是多少？
- 市场规模有多大？如果计划开拓全新的市场，同类市场的规模有多大？如果计划进军现有市场，现有市场的规模有多大？是否还有新公司生存的空间？

- 了解潜在客户的反馈意见之后,产品开发团队认为开发难度和开发成本发生了哪些变化?开发第一版产品的成本大约是多少?
- 如果要大批量生产产品,有哪些生产商可供选择?大批量生产成本是多少?
- 考虑以上所有因素后,还有没有盈利的空间?

D. 判断下一步走向

检查你做到了以下几项,如果全都做到了,那么恭喜可以进入客户发展的第二个阶段(客户检验)了。

- 抓住了客户亟待解决的问题。
- 确定解决客户问题的产品方案。
- 找到了可行的、可盈利的商业模型。
- 明白客户使用产品前后有哪些变化。
- 能清晰地画出公司、客户、用户、销售渠道的关系图。

如果还没有抓住客户亟待解决的问题,请返回第一步修改假设,重新拜访客户(换句话说,请执行新一轮的客户探索)。如果认为产品定位有问题,那么请修改产品设计,然后返回第三步,再次向客户演示产品(或原型)。

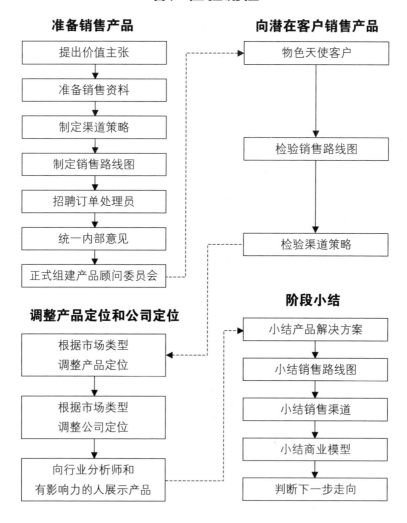

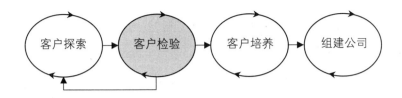

第 4 章

客户检验

Customer Validation

> 旅途中我们常常忘了出发的目的。
>
> ——弗里德里希·尼采

我是在 2002 年认识奇普·史蒂文斯（Chip Stevens）的，他是 InLook 公司的创始人。这是一家研发财务软件的创业公司，正在开发一款名为 Snapshot 的软件。Snapshot 软件可以跟踪记录企业的每一笔交易，预测营业收入和利润，帮助财务总监掌握经营状况，从而降低经营决策难度，有效缩短销售周期，实现合理的资源配置。InLook 公司似乎发现了一个让财富 500 强企业头痛的问题。虽然那几年经济不景气,但是 InLook 公司轻松获得了 800 万美元的风投资金。

当时 InLook 公司资金充裕,Snapshot 软件开发进展顺利,奇普也踌躇满志,准备大干一场。他亲自带领开发团队开发 Snapshot 软件,把销售工作完全托付给新来的销售主管鲍勃·柯林斯(Bob Collins)。鲍勃有着丰富的大企业工作经验,尤其擅长组建销售团队,但这是他第一次在创业公司工作。他找来一批潜在客户,请他们免费参加 Snapshot 软件的公开测试,并自信将来可以说服他们购买正式产品。奇普相信了鲍勃的话,不禁有些志得意满。鲍勃完全照搬以往的工作经验,组建了一支由 11 人组成的销售团队,包括 5 名销售人员(西海岸 2 人,芝加哥 1 人,达拉斯 1 人,纽约 1 人)、4 名销售工程师(负责为销售人员提供技术支持)、2 名营销人员(负责撰写数据报表和产品演示文档)。按照鲍勃的设想,年底前销售团队人数还要翻番。

鲍勃自信的做法让董事会坐立不安。虽然投资人一致对奇普寄予厚望,但是 InLook 公司毕竟连一款软件都没卖出去。过重的薪酬负担开始让公司资金吃紧。董事会向我求助,希望我帮助奇普分析形势,找到解决办法。

奇普完全不理解董事会为什么安排他和我见面,他带着一副要事缠身的表情来见我。在礼貌地听我讲完客户发展理念后,他说自己一直是这么做的。为了证明这一点，他回顾了前期的创业过程。公司成立之初，他拜访过 40 多位客户，并逐一调查客户感到头痛的问题和日常工作细节。根据调查结果设计的解决方案也得到了潜在客户的一致认可。他还耐心向我解释 Snapshot 软件的每一项功能可以为客户解决什么问题。我不住地点头。

接着奇普说为了专心开发软件，他已经有一段时间没有接触客户了。他把销售工作全权委托给鲍勃进行管理，要求鲍勃每周汇报工作进展，预测销量。我问奇普销售进展如何，他说两家参加公测的大客户表示愿意购买正式产品。

"你怎么知道？是听客户亲口说的吗？"我追问道。

"那倒没有"，奇普有些尴尬，"但是鲍勃向我保证几周内就会接到订单"。

我不由得为奇普担心。大企业在决定采购产品前，特别是在采购不知名创业公司的产品前，通常会要求与公司的 CEO 见面。我又问奇普知不知道具体的销售路线图，他承认鲍勃没有告诉他细节。

分手时我对奇普说："如果两周后还没有接到订单，你应该亲自给参加公测的客户打电话，询问对方是否愿意免费使用正式产品"。

那次见面后不到两周,我收到奇普的语音邮件。我猜得没错,他的大客户暂时不打算购买 Snapshot 软件,理由是没觉得非用不可。其他参加公测的客户反应也基本一样。虽然大家觉得 Snapshot 软件的创意不错,但是还没有好到非买不可的地步。

"我该怎么办?怎么向董事会交代?"奇普向我求助。

我建议奇普如实向董事会汇报情况。但是在汇报之前,应该全面了解销售团队的工作状况,并提出有针对性的对策(绝不要指望董事会教你怎样管理公司,那样,你就等着卷铺盖走人吧)。

奇普开始调查销售团队的工作情况,他逐一与销售团队的同事聊天,这才发现公司根本没有标准的销售流程。销售人员均按照自己的想法工作,不管对方的职位和身份,随意联系客户,毫无章法。营销人员随意修改产品演示文档,产品定位和公司形象几乎每周一变。销售主管鲍勃则认为一切正常,他们只是需要时间把问题想明白,然后就会有客户下订单。

花了 8 个月时间,虽然组建了由 11 人组成的销售团队,但是 InLook 公司还没有找到有效的销售策略,只能寄希望于销售人员的"灵机一动"。奇普决定恢复自己与客户的直接联系。他如实向董事会汇报情况,提出首先解雇鲍勃和另外 7 个人,大幅缩减开支;然后打算亲自拜访客户,进一步了解客户需求。董事会批准了奇普的请求,给他 6 个月时间力挽狂澜。

InLook 公司的客户探索做得很好，但是随后遇到了创业公司经常遇到的问题：缺少发现销售方式和检验商业模型的有效流程。针对这种情况，客户检验要求创业团队回答如下几个问题。

- 我们知道有效的销售方式吗？
- 这种销售方式具有普遍性吗？
- 我们有把握证明这种普遍性吗？
- 客户愿意购买现阶段的产品吗？
- 产品定位和公司定位是否合适？
- 销售渠道是否畅通？
- 是否有信心扩大销售规模？

在得到满意的答案之前，切勿盲目招聘大量销售人员。InLook 公司的教训提醒我们，心急吃不了热豆腐，那样做是自掘坟墓。

客户检验的理念

正如客户探索的理念与传统做法截然不同，客户检验的理念也显得"离经叛道"。对创业公司来说，大企业的传统做法简直是有百害而无一利。客户检验的目标是制定可行的销售路线图，而不是组建销售团队。在完成客户检验之前，对如何销售产品还知之甚少（最多是合理的假设），这时仓促组建销售团队、盲目开展销售工作绝不明智。

客户检验应该充分发挥天使客户的作用，让他们帮助你制定销售路线图。但是请记住，重点不是向天使客户推销产品，而是请他们检验你的假设。那么创业公司和成熟的大企业究竟有什么差别呢？

制定销售路线图

如果询问大企业销售主管的工作目标是什么，那么对方通常会回答："多招人，完成销售任务"。对大企业来说，这种做法是合适的，但是对创业公司来说无异于饮鸩止渴。为什么？因为在成熟的大企业里，早已有人披荆斩棘摸索出了可行的销售策略。产品说明、演示方法、报价策略都是经过反复尝试、权衡修改后确定的。新上岗的销售人员只要按照公司的既定流程推销产品即可。这里隐藏的条件是大企业已经针对自己的客户群制定出可行的销售路线图，而这恰恰是创业公司缺少的。

究竟什么是销售路线图呢？你可以把它理解成销售策略和销售流程的总称。制定销售路线图的目标是回答以下问题。谁影响购买决策？谁能推荐产品？谁是出资者？谁是决策者？谁是作梗者？卖出一款产品要说服哪些人？要打通哪些关节？要打多少个电话？至少需要多少时间？如果客户对产品有特殊需求，必须满足哪些条件才能解决问题？理想的客户（天使客户）

具有哪些典型特征？

除非有把握回答这些问题，否则产品绝不可能成批销售出去。大多数创业公司的销售主管心存侥幸，希望手下的销售人员一边推销产品，一边收集信息，这种做法会把创业公司推向死胡同。InLook 公司的例子清楚地证明了这一点。

客户检验团队

像奇普这样程序员出身的创业者很多，他们认为自己缺少销售经验，所以常常急于从大企业招聘有经验的销售主管，把客户检验的工作全权委托给销售主管。我并不排斥有经验的销售人员，只是这样做对创业公司来说为时尚早。目前一切还处于探索和学习的阶段，创业团队应该亲自拜访客户，至少先要完成第一轮客户检验工作，然后招聘销售人员。即便招聘销售人员，他们目前的作用也只是处理销售订单，而不是主导客户检验的流程。

销售主管的职责是组建销售团队，全力销售产品。但是在目前这个阶段，创业公司对客户知之甚少，针对主流客户展开蛮力销售只会事倍功半，得不偿失。所以创业者或 CEO 应该亲自带领团队调研客户，完成客户检验后再考虑招聘销售主管。

寻找天使客户

客户检验的工作重点之一是寻找天使客户，说服他们购买尚未完成的产品。有些创业者担心找不到天使客户，他们不相信有人愿意购买还不完善的产品。别担心，只要在客户探索时确实发现了客户亟待解决的问题，就不愁找不到天使客户。

回忆我在第 3 章给出的天使客户的定义。天使客户不仅意识到问题的存在，而且主动寻找解决途径，甚至迫不及待自己动手组织解决方案。因为意识到问题的紧迫性，所以他们特别青睐能解决问题的产品，哪怕它还不完善。天使客户对产品的了解远远超过一般的销售人员，这也是我不赞成让销售人员去寻找天使客户的原因。销售人员的介绍总是隔靴搔痒，谈不到重点，只有创业团队才有可能说服天使客户接受产品。让创业团队拿出宝贵的时间寻找天使客户是值得的，因为天使客户不但会帮助你改善产品，还会积极向同事、亲友推荐产品。

客户检验流程概述

和客户探索一样，客户检验也分为四个步骤，四步首尾相连，构成循环（见图 4-1）。

第一步为销售产品做准备：提出公司和产品的价值主张，准备销售资料，初步制订销售计划，设想销售渠道，起草销售路线图，确保产品开发团队和客户发展团队就以上内容达成一致意见，正式组建产品顾问委员会。

第 4 章 客户检验

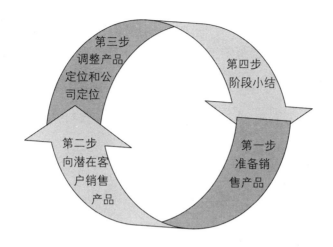

图 4-1 客户检验流程

第二步带上深思熟虑的产品创意（或产品原型）去寻找天使客户，检验潜在客户愿不愿意购买产品。也就是说，要在没有专业销售人员协助的情况下，尝试向潜在客户销售尚不完善的产品。不要害怕失败，我们的真实目的并不是销售产品，而是借此收集制定销售路线图所需的信息。

寻找到合适的天使客户后进入第三步。先根据天使客户的意见，调整产品定位和公司定位，调整产品在市场中应占的位置。然后请行业分析师或权威人士评估调整结果，进一步优化定位。

第四步检查是否完成了客户检验的任务。你找到了足够多的天使客户吗？找到了可行的销售渠道和销售模型吗？找到了确保盈利的商业模型吗？为业务扩张做好准备了吗？只有完成了这些目标，才能进入下一个阶段，否则应该重新开展一轮客户检验。

第一步：准备销售产品

在客户检验的第一步，创业公司要做好向潜在客户销售产品的准备。这要求大家齐心协力，做好计划。具体而言，应该做到以下几点。

  A. 提出价值主张。

  B. 准备销售资料。

  C. 制定渠道策略。

  D. 制定销售路线图。

  E. 招聘订单处理员。

  F. 统一内部意见。

  G. 正式组建产品顾问委员会。

A. 提出价值主张

价值主张代表的是公司的核心价值观，它会出现在公司所有的宣传资料和广告里，最好用一两句话表达。你的产品能为客户解决什么问题,你的公司代表着什么样的价值观,客户凭什么关注你的公司。创办公司之前,你心里也许已经盘算过这些问题,但那只是主观的猜测。现在已调查了几十位潜在客户,是时候重新修正自己的假设了。你能用一句话说明公司的特色吗?或者用一句话说明产品为什么值得购买吗?这就是价值主张要达到的目标,它是联系公司与客户的价值纽带,提醒公司上下人员牢记创业初衷。

虽然价值主张只有一两句话,但是要做到简洁有力、引人注目却颇有难度,关键是要从客户的角度来进行换位思考。不妨从以下几方面来考虑。请回忆,让客户最头痛的三个问题是什么?这些问题的共同特征是什么?客户在谈论这些问题时经常使用哪些词汇?客户最喜欢产品的哪些功能?这些功能给客户的工作和生活带来了哪些变化?与同类产品相比,你的产品优势是什么?当然,构思价值主张不必追求完美,也不用一步到位,以后还有机会逐步完善。

InLook 公司的价值主张是"助 CFO 一臂之力,提高公司盈利水平"。这句话简单明了、目标明确,并且清楚地指明了产品的受众。看似简单,却不是拍脑袋一蹴而就的。InLook 公司最初的价值主张措辞冗长、目标不清(最初的目标用户不是 CFO)。如果不是奇普带领开发人员不厌其烦地接触潜在客户,反复沟通交流,绝不可能凭空构思出这句话。

经验表明，构思价值主张应该注意以下四点。第一，要具有情感吸引力。听到你的价值主张后，客户是主动地靠近你，还是一脸茫然、无动于衷？你用的词汇客户听得懂吗？工程师出身的创业者尤其应该注意，价值主张应该抓住客户的情感而不是理智，它应该让客户不由自主地掏钱包，而不是下意识地按计算器。第二，要突显优势。让客户感到产品可以解决他们的问题，比如提高竞争力、提高工作效率、节省资金、改善个人形象等。第三，要名副其实，不能虚假宣传。产品的实际功能与效果应该与宣传的一致。第四，要符合市场类型。如果进入现有市场，那么应该强调你的比较性优势（速度更快、服务更好等）。如果开拓全新市场，或者进一步细分现有市场，则应该强调突破性优势（实现了哪些前所未有的功能等）。

B. 准备销售资料

磨刀不误砍柴工。为了顺利销售产品，应该根据价值主张起草产品销售资料、产品数据表格、产品演示文档、产品报价单、合同模板等。利用向潜在客户推荐产品的机会，逐步完善销售资料的内容和形式。注意，资料尚未定型时，不宜大批量复制，以免浪费。

不同类型的客户需要的资料不同，即使是在同一家公司里，不同层次、不同岗位客户的关注点也不一样。应该有针对性地制作资料，有的放矢。下面介绍我在这方面吃亏的经历。我创办的最后一家公司是 E.piphany，其核心业务是开发企业级应用软件。刚开始向潜在客户推销产品时，我们只准备了一套销售资料，主要宣传对象是客户公司的运维部门。一次，我们向一家客户的运维部门介绍完产品后，对方要求再给 IT 部门介绍一次。负责介绍产品的同事没有注意到听众身份发生了变化，仍然照本宣科，而当时我们的价值主张是"E.piphany 的产品可以取代臃肿的 IT 部门"。不用说，我们最后被人拒之门外，无功而返。

虽然 E.piphany 公司的产品不是给 IT 部门使用的，但是需要 IT 部门协助安装和维护。我们应该想到，除了最终用户，还应该考虑技术部门的需求。对典型的 B2B 业务来说，至少应该准备两套推销资料，分别针对最终用户和技术人员。表 4-1 列出了典型 B2B 业务需要的推销资料。

表 4-1 典型 B2B 业务需要的推销资料

对象	外围宣传	初步接触	深入介绍
天使客户	问题展示	业务分析资料、产品功能介绍	针对个别用户的产品推销资料、业界专家分析资料、产品报价单、合同模板
技术人员		技术介绍、权威专家分析资料	针对特定客户问题的技术介绍、产品的技术架构图

如果是消费类产品，需要的资料又不一样，比如产品宣传展示资料、零售包装资料、优惠措施资料等。关键是根据不同的客户类型准备不同的资料，这里不存在万能钥匙。

为天使客户准备的推销资料与为主流用户准备的推销资料也不相同。天使客户更看重产品解决问题的效果及其应用前景，所以推销资料应该强调这部分内容。当天使客户主动帮助你推广产品时，这些内容会派上大用场。下面分别介绍准备常见推销资料时要注意的问题。

展示文档

产品展示文档除了注明待解决问题和产品功能外，还应该标注刚制定的价值主张。展示时间最好控制在半小时以内。再强调一次，单一的展示文档不可能满足所有类型客户的需求。老板和员工的诉求不同，各家公司的关注点不一样，不同年龄、不同地区、不同职业、不同收入的消费者需求不一样。无论是企业级产品还是消费类产品，都应该根据典型客户类型有针对性地多制作几套展示文档。

演示产品原型

对客户来说有些产品概念很陌生或过于复杂，文字展示和口头讲解的效果有限。演示产品原型可以很好地解决这个问题。事实上，在未向客户演示产品原型的情况下，我从未成功推销出一款产品。但应该注意，产品原型只是模型，不是最终产品。只要能体现产品的主要功能和理念即可，不必兴师动众追求完美。

数据表格

如果是向现有市场推出新产品，那么数据表格应该强调产品的功能和优势；如果是开拓全新的市场，那么数据表格应该强调待解决的问题和使用产品前后的效果对比；如果想进一步细分现有市场，则两方面都要强调。

如前所述，还要为技术人员准备技术数据，以便随时解答他们的疑问。除此以外，在推销的过程中会遇到许多特殊问题，虽然不必提前准备答案，也应该逐步收集加入表格中。经济不景气的时候，客户喜欢问"你的产品能给我们带来多少利润（节约多少成本），划算吗？"这是在询问产品的投资回报率（关于投资回报率的介绍请参考第2章）。务必预估投资回报率，天使客户帮你推广产品时，这些信息会帮上大忙。

报价单、合同模板、收费系统

事先做好产品报价单和合同模板，以免天使客户提出购买产品时，你毫无准备、措手不及。如果是消费类产品，则最好准备好收费系统，比如建立在线商店、让客户方便用信用卡付款等。准备充分让创业团队显得更专业。

C. 制定渠道策略

客户发展方法的目标之一是为创业公司寻找百试不爽的销售流程,扩大企业经营规模。渠道销售策略和销售路线图则是流程指南。

在第 3 章,根据客户反馈信息修订了有关销售渠道的设想。这里假设通过权衡比较,已经确定适合的销售渠道。我们将以此为基础进一步制定渠道策略。渠道策略包含三个方面。

- 销售渠道及其分工。
- 产品销售分成方式。
- 渠道管理。

还是采用老办法制定渠道策略。先提出假设,进入下一步后再请潜在客户检验假设,最后根据反馈信息加以修正。下面分别介绍这三个方面。

销售渠道及其分工

还记得在第 3 章提出的有关销售渠道的假设吗?现在进一步完善销售渠道的假设。

首先,画出销售渠道(参考图 3-3)。假设创办的是图书出版公司,首先要选择图书的销售方式,即图书经过哪些流通环节卖到消费者手里。如果选择直接通过公司的在线书店销售图书,那么销售渠道会很简单,如图 4-2 所示。

图 4-2　通过网店销售图书的销售渠道

如果选择传统的发行渠道，则复杂得多，如图 4-3 所示。

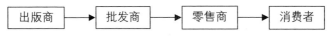

图 4-3　传统图书发行渠道

其次，记录每个渠道合作商在销售过程中的分工和作用。下面还是以图书出版为例。

批发商　负责从出版商处进货，将图书入库、分类、打包；按订单发货，与出版商结算书款。批发商参与图书销售，但是不负责创造客户需求。

零售商　即各类书店，负责图书上架，将图书销售给消费者。

对于复杂的销售渠道，最好用渠道分工图来表示，这样可以更好地帮助公司上下来理解销售渠道的作用和选择它的原因。传统图书销售渠道的分工如图 4-4 所示。

创业公司常有一种误解，以为渠道合作商会创造客户需求，这完全是一种一厢情愿的想法。以图书为例，批发商绝不会投入精力创造客户需求，他们只管理库存图书和按订单发货。至于如何把消费者引入书店，他们是不关心的。

图 4-4 传统图书销售渠道的分工

产品销售分成方式

因为每个渠道合作商都要求销售分成,所以销售渠道越长,销售成本越高。通常的分成方式是按事先约定的比例提成。每销售出一件产品,渠道合作商从中抽取一定比例的金额。还是以图书出版为例,为简单起见,假设每本书的定价为 20 美元。图 4-5 是各级渠道合作商分成比例示例。

出版商	批发商	零售商	消费者
35%	25%	40%	−100%
7 美元	5 美元	8 美元	−20 美元

图 4-5 图书销售分成比例示例

在上面这个例子中,出版商每卖出一本定价 20 美元的书,只能收回 7 美元书款。刨除作者版税、营业税、营销费用、印刷费用、装订费用、纸张费用、人力成本、间接成本,剩下的才是出版商的利润。

在估算利润时,还要考虑一种情况,即产品是否是寄售的。比如,图书通常属于寄售商品。书店定期将卖不出去的书退回给批发商,然后退回给出版商。出版商只与批发商打交道,发给批发商的图书并不保证一定售出,如果仅仅根据批发商的进货数量估算利润,就会造成利润虚高的假象。超市里的商品通常也是寄售的,除非消费者把它们买回家,否则生产商拿不到一分钱。

估算这类寄售产品的销售利润,应该考虑退货,留出余量。同时,用图描述与各级渠道合作商的财务关系(见图4-6)。

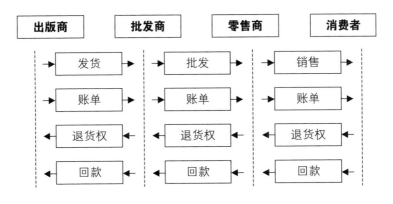

图 4-6 渠道财务关系

渠道管理

渠道管理的目标是通过监控销售情况,调整发货速度,维持合理库存，保证供货适量。由于直销只需根据消费者的订单发货即可，管理相对简单，所以渠道管理主要是针对间接渠道而言的。间接渠道带来的最大挑战是各级渠道合作商隔断了生产商和消费者之间的直接联系，市场需求总量难以统计。生产商无法实时掌握实际销售情况，销量统计报表总是落后数月。由于信息反馈迟缓，急于抢占市场的生产商常常会大量出货，导致铺货数量超出了市场需求，造成渠道中的产品积压。这样做虽然短期内账面比较好看，但从长远看，势必造成资源浪费。不同产品销售周期不同，我无法给出放之四海皆准的渠道管理方案。但我相信指出这些问题，至少可以帮助读者找到解决问题的方向。

D. 制定销售路线图

如果把创业的旅程比作穿越浓雾笼罩的森林，那么销售路线图则好比是沿途收集信息，逐渐摸索出来的探险地图。

制定销售路线图的目的是确定目标客户，并选择最有效的销售方式。除非你有十足的把握将产品推销给潜在客户，同时获取足够的利润维持公司业务运转，否则不要急于组建销售部门。而制定销售路线图正是为了实现这个目标，为营销人员提供工作指南。

影响制定销售路线图的客观因素很多，比如客户规模、产品定位、行业规则、销售渠道等。很显然，通过百货商店出售商品与为 Intel 公司提供 OEM 产品需要截然不同的销售路线图。这导致制定销售路线图是件费时费力的工作。有些性急的创业者觉得它分散了创业精力，不愿意在这件事上花时间。磨刀不误砍柴工，趁公司规模不大、运转灵活时做这件事，总比将来花大把资金让臃肿的销售部门来做划算。

销售路线图主要包括以下三个方面的内容。

- 客户组织结构图和影响关系图。
- 销售策略。
- 后续工作。

客户组织结构图和影响关系图

还记得在客户探索阶段画的客户组织结构图和影响关系图吗？现在根据客户调查的结果和收集的信息进一步完善它们。

以 E.piphany 公司为例，其产品是帮助企业解决业务问题的应用软件，售价不菲。要想成功地销售产品，要做到这三点。第一，要确保产品切中企业高层管理者迫不及待想解决的问题。第二，产品的特点决定其推销顺序应该是先接触企业高管，然后接触产品的最终用户。第三，做好对付作梗者的准备，因为产品会影响这些人的既得利益。

正如之前提到的，E.piphany 公司产品的作梗者是企业 IT

部门的员工,因为产品可以降低企业对 IT 部门的依赖性,这可能会导致 IT 部门裁员。因此,不仅要说服最终用户,还要说服 IT 部门的员工。据此,我们绘制了客户的组织结构图(见图 4-7)。

	业务部门	IT 部门
管理层	业务部门主管	IT 部门主管
基层	业务部门员工(最终用户)	IT 部门员工

图 4-7　简单的客户组织结构图

从图 4-7 可以看出,成功推销产品必须获得四个群体的支持。经验表明,说服业务部门购买产品通常很容易,但是要说服 IT 部门的员工则困难得多,所以直接与 IT 部门的员工接触是不明智的,应该设法借力,通过其他人来影响作梗者。于是我们在组织结构图的基础上绘制了影响关系图(见图 4-8)。

	业务部门	IT 部门
管理层	业务部门主管　1	→ 2　IT 部门主管
基层	业务部门员工(最终用户)3	→ 4　IT 部门员工

图 4-8　客户的影响关系图

影响关系图注明了说服客户的先后顺序。每一步都要借用上一步的成果,说服一组对象后,再通过其影响下一组对象。如果试图跳过某个中间环节,那么会大大增加失败的几率。

先拜访业务部门的高层主管,向他们推销产品;然后请他们引荐认识 IT 部门的主管(CIO 等),获得高层的支持后,再说服业务部门的员工(最终用户);最后约见 IT 部门的员工,有了前三个群体的支持,事情就好办多了。

销售策略

对企业级产品而言,制定销售策略主要考虑以下几个问题。

- 销售对象处于什么职位和级别?是企业高管,还是业务部门的员工?
- 必须说服哪些部门?
- 是不是每个部门都意识到了问题的存在?
- 应该先拜访谁,后拜访谁?不同部门不同职位的人是否需要不同的说服策略?
- 哪一步最有可能使推销失败?

如果是消费类产品,则应该考虑以下几个问题。

- 销售对象属于什么群体?是在校大学生,还是年轻的父母?
- 购买产品是个人行为,还是家庭决定?需要哪些人的同意?
- 如果是集体购买,应该先说服谁,后说服谁?不同的人是否需要不同的说服策略?

- 哪一步最有可能使推销失败？

后续工作

即使成功说服了客户，也别高兴得太早，口头承诺并不完全可靠。在客户付款之前，会发生许多意想不到的事。最好保持与客户联系，了解对方付款前还要办理哪些手续（比如贷款、获得董事会批准等）。出谋划策协助对方解决这些问题，既能赢得客户的信任，也将大大提高销售成功率。

E. 招聘订单处理员

虽然创业者可以亲自带队推销产品，但是毕竟缺乏处理订单、签订合同之类的经验。需要的话，可以招聘一名有经验的销售人员担任订单处理员。前面已经提到过，这名销售人员不是销售主管。他的工作任务不是组建销售团队，更不是主导客户发展工作，而仅仅是协助团队处理订单、管理合同，协助实现回款。通常在完成一两轮客户检验、有订单后再招聘订单处理员。订单处理员还可以协助安排拜访日程，协助客户解决付款前的问题。

F. 统一内部意见

销售产品意味着承诺在约定的时间为客户提供约定的产品（哪怕是测试版产品）。什么可以承诺，什么不能承诺，应该谨慎对待。产品开发团队与客户发展团队务必事先统一意见，避免向客户做出承诺后又改口。双方应该就以下几项达成一致意见。

- 产品发布日期和产品功能。
- 销售资料。
- 开发人员参与售后服务。

产品发布日期和产品功能

客户发展团队应该请产品开发团队再次确认第一版产品的发布日期。确保按承诺的时间发布产品非常重要,反复跳票不仅影响公司的信誉,也让推荐产品的天使客户失信于同事和亲友,最终失去他们的支持。稳妥的做法是对比产品的开发计划与实际开发进度,如果有延期,则应计算出延期比例,再将原定的产品发布时间乘上延期比例,作为最终的产品发布时间。

除了第一版产品的发布日期,还要请产品开发团队重新估计后续版本的功能及完成日期,通常以 18 个月为限。在客户探索的第一阶段曾就产品发布计划做出了初步假设,现在应该根据客户探索的结果修正假设,调整产品开发文档的内容。

客户发展团队和产品开发团队都应该认识到,为了尽快获得用户对产品的使用意见,第一版产品没有必要、也不应该追求完美。在产品满足基本条件(参见马蒂·卡根所著《启示录:

打造用户喜爱的产品》第 20 章）的情况下，越早发布越好。闭门造车往往吃力不讨好，团队应该把精力放在根据天使客户的反馈意见改善用户体验上。

提倡尽快推出第一版产品有两个原因。第一，除非看到实际产品，否则用户并不完全清楚自己想要什么。如果原封不动地按收集到的需求开发产品，那么最终很可能客户并不买账。经验表明，有些起初被用户认为重要的功能，也许会被用户闲置，而那些不起眼的功能，也许会频繁使用。第二，第一版产品针对的主要是天使客户，不是主流客户，天使客户往往不像主流客户那样要求苛刻。现在把不完美的产品交给天使客户使用，恰恰是为了将来为主流客户提供更完善的产品。

销售资料

如果客户发展团队向客户承诺提供某项功能，而产品开发团队却开发不出来，那么会很尴尬。所以在推销产品之前，有必要请产品开发团队检查所有的销售资料和宣传资料。我建议让产品开发团队的成员在资料上逐一签字，表示认可。这样做可以有效避免销售资料言过其实。

开发人员参与售后服务

客户发展团队应尽量降低产品开发团队的工作负担，这体现在两个方面。第一，客户发展团队负责为既定产品设计寻找目标市场，除非确定这样的目标市场不存在，否则不要求产品开发团队增加新功能。第二，客户发展团队不要求第一版产品十全十美，只要求尽早请天使客户试用产品，根据反馈意见修改产品设计。作为交换，产品开发团队也应该主动参与售后服务，帮助客户发展团队解决用户遇到的问题。创业公司的产品开发团队至少应该把 10%的工作时间用于售后服务。让产品开发团队的成员直接接触客户，会激励他们大幅提高产品的可靠性和可用性。

G. 正式组建产品顾问委员会

从客户探索阶段开始，我们就已经在不断积累人脉，现在是时候组建正式的产品顾问委员会了。表 4-2 列出了产品顾问委员会的人员组成及其作用。

产品开发团队需要技术顾问。当遇到开发问题或要做技术决策时，有经验的技术顾问可以帮大家少走弯路。产品面市后，技术顾问还可以向公众介绍和推广新技术。

尽可能邀请每一位潜在客户担任客户顾问，因为他们可以从客户的角度提出改进产品的建议。我常对客户说："我衷心希望邀请你加入顾问委员会，直到做出让你满意的产品为止。"客户顾问将成为产品面市后最给力的口碑营销队伍。

表 4-2 产品顾问委员会的角色分工

	技术顾问	客户顾问	行业顾问	商业顾问	营销/销售顾问
作用	提供产品开发建议、评估产品、兼任猎头	提供产品建议、推荐更多客户	提高公司信誉和产品知名度	咨询商业策略、提供管理建议	咨询营销策略、提供公关建议
背景	技术专家、知名的技术人	热情诚恳的客户、人脉广的客户	有行业影响力的名人	资深企业家和有多次创业经历者	有经验的营销、销售人员
何时物色	创业伊始到第一批产品面市	客户探索第一阶段物色人选，第二阶段开始邀请	客户检验第一阶段物色人选，第三阶段开始邀请	贯穿整个创业过程	客户培养阶段物色人选，组建公司后逐步解散
咨询方式	邀请对方来公司与开发人员交流	邀请对方来公司与客户发展团队成员交流	邀请对方来公司与客户发展团队成员交流	电话咨询登门拜访	邀请对方来公司与客户发展团队成员交流
人数	越多越好	越多越好	不超过两人	两到三人	营销、销售各一人
咨询成本	低成本，主要靠熟人推荐	低成本，主要靠熟人推荐	可酌情给予期权	不惜一切代价	可酌情给予期权

行业顾问是行业专家，他们具有一定的行业影响力，深受行业人事信任。他们可以帮助提高产品在专业圈里的知名度。虽然他们也可能成为你的客户，但主要作用还是提高媒体和公众对产品的信任。

业务顾问是资深企业家或有多次创业经历的人。这类人有着常人不具备的创业经验，非常难得。应该尽可能寻求他们的帮助，向他们咨询商业策略，征询管理公司的建议。此外，营销顾问和销售顾问可以随时帮助解决在客户探索、客户检验、需求创造中遇到的问题。

最后，对每种顾问的人数做一点补充说明。技术顾问和客户顾问的人数越多越好，但是营销顾问和销售顾问通常有很强的个性，人多反而难以达成一致意见，所以各选一人即可。行业顾问往往自认为是行业权威，由于同行相轻，所以人数也不宜过多，只需要两人就够了，而且最好不要让他俩见面。商业顾问需要两到三人，不同的人可能擅长解决不同创业阶段的问题，两三个人基本上可以满足你的需求。

第二步：向潜在客户销售产品

到目前为止，我们已经接触客户两次。第一次是为了掌握潜在客户的工作细节或生活细节，确定他们想要解决的问题。第二次是为了向客户展示修改后的产品功能和产品设计，收集反馈意见。现在要开始第三次接触：向潜在客户销售尚未成形的产品。这样做的目的是什么？是为了检验有关商业模型的假设是否正确。检验是否真的理解客户需求，客户是否真心喜欢产品，定价和销售渠道是否合适，销售路线图是否有效。那为什么要在产品尚未完成前开始销售呢？因为要赶在产品出厂前，赶在组建营销团队和销售团队前，找出影响产品销售的因素。此时解决问题的成本最低，等到木已成舟再做调整，就困难了。

也许有人会说，要获得客户反馈信息，不一定非要销售产品，邀请客户参加产品公开测试一样可以了解客户的意见。我想提醒大家，公开测试产品是为了发现产品功能和可用性方面存在的缺陷。参加测试的客户知道产品是免费的，因而它无法检验客户是否愿意购买产品。产品公开测试要解决的主要是技术问题，而不是市场问题。

客户检验的目标不是请客户免费试用产品，而是要检验创业公司的商业模型是否切实可行。虽然客户发展团队可以帮助产品开发团队物色参加公开测试的人选，但是测试本身不是客户发展团队的任务。严格说来，参加公开测试的人不一定是客户，只有那些愿意购买产品的人才是客户。

尝试向潜在客户销售产品是检验商业模型的唯一途径，共有以下三项任务。

A. 物色天使客户。

B. 检验销售路线图。

C. 检验渠道策略。

A. 物色天使客户

经过两次接触和筛选后，还愿意见面的客户基本上就是天使客户。如果人数不够，请按照客户探索阶段介绍的破冰方法继续寻找。相信你已经知道天使客户有哪些典型特征，不过请做好心理准备，经验表明，大约 95% 的潜在客户会拒绝你。剩下的 5% 里，又有两到三成潜在客户会中途变卦。所以这是一项极考验耐心的工作。

有些人误以为天使客户就是那些专职在媒体上发表产品评论的人。寻找天使客户要避免犯这种错误。这些人不是天使客户，因为他们对产品要解决的问题漠不关心。他们没有类似的烦恼，缺少切肤之痛，试用产品只是出于工作需要，因而不可能真心喜欢产品、推荐产品。此外，因为他们可以免费试用产品，所以不能帮助你检验销售路线图。

另外，还要区分天使客户和主流客户。主流客户对待产品的态度非常谨慎，他们只会购买公认成熟的产品，不会尝试第一个吃螃蟹。

B. 检验销售路线图

俗话说,是骡子是马牵出来溜溜。约好潜在客户见面后,检验商业模型的时候到了。以 InLook 公司为例,看看奇普是怎样检验销售路线图的。Snapshot 软件的目标用户是公司的 CFO,但是仅仅说服 CFO 接纳产品还远远不够。所以奇普首先画出潜在客户的组织结构图,如图 4-9 所示。

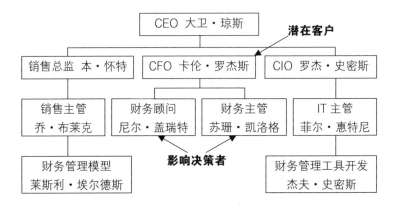

图 4-9　客户组织结构图示例

奇普发现财务顾问和财务主管与 CFO 的关系不错,他俩很大程度上影响着 CFO 购买产品的决策。但是 IT 部门坚持继续使用自己开发的财务管理软件。奇普只有设法说服 CIO,才能消除 IT 部门的反对意见。奇普根据这种情况制定了销售路线图(见图 4-10)。

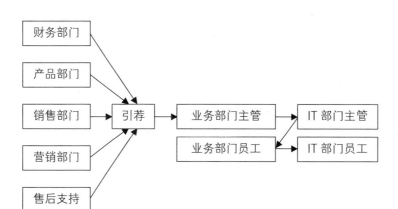

图 4-10　销售路线图示例

奇普的设想是，首先利用已有的人脉关系（比如在市场部门有熟人）获得引荐机会，与公司的高层主管见面。如果能见到财务顾问、财务主管或者 CFO，就能设法了解客户的财务管理状况。只要发现对方对现有财务管理水平有丝毫的不满，奇普就有信心说服他们尝试自己的产品。当然说服工作的难易程度主要取决于对方解决财务管理问题的急切程度。如果这一步进展顺利，CFO 会成为奇普的保荐人，他可以介绍 CIO 给奇普认识，并且帮助奇普说服 CIO 接受 InLook 公司的解决方案。有了财务部门主管的支持，说服财务部门的员工（最终用户）就毫无悬念了。最后奇普要做的是向 IT 部门主管和他手下的员工展示技术解决方案，争取他们的认可。只要有前三个群体的支持，最后一步也应该不成问题。

经朋友介绍，奇普很顺利地见到了财务顾问尼尔·盖瑞特。然后通过尼尔引荐，奇普又认识了财务主管苏珊·凯洛格。在说服苏珊的过程中，奇普遇到了麻烦。苏珊对奇普的产品很感兴趣，但她想知道购买 Snapshot 软件的投资回报率是多少，而奇普无法回答。苏珊建议奇普读读她们公司最近的财务报表，估算使用 Snapshot 软件的投资回报率（见第 3 章），她认为这样更容易说服 CFO 卡伦·罗杰斯。奇普接受了建议，他和团队根据客户的经营情况估算出投资回报率，果然轻松地说服了 CFO 卡伦。卡伦又把奇普引荐给 CIO 罗杰·史密斯。此后事情的发展与奇普的设想完全一样，InLook 公司成功地签下了第一个天使客户。

在销售产品的过程中，还要注意几点。客户常常会对产品提出额外要求，比如增加新功能。遇到这种情况应该谨慎对待，如果不同的客户都提出同一要求，即某种需求反复出现，那么恭喜你发现了新需求，应该顺应客户要求，添加新功能。但是更常见的情况是客户提出的要求不具有普遍性，这时应该果断回绝。虽然答应特殊要求更容易赢得客户，但是会导致每个产品都不一样，无法大规模生产。我们是做产品，不是定制项目。

尽量拒绝客户讨价还价的要求，不要轻易降低产品售价。天使客户急切需要的是你的产品能解决问题，如果对方更看重价格，而不是产品解决问题的价值，那说明他们不是天使客户。

当然，你可以在其他方面适当让步，比如等产品见效后再付款。为什么不在价格上让步，从而留下客户呢？因为我们的目标是检验销售流程是否有效，如果靠赔本赢得客户，那如何判断销售路线图是真有效还是假有效呢？

最后，请记录每次销售的结果，注意分析失败的原因。在客户检验阶段，了解客户为什么拒绝比成功推销产品更有意义。

C. 检验渠道策略

说服渠道合作商销售产品与说服客户购买产品是两码事。渠道合作商一定会问你："客户喜欢你的产品吗？一个月大概能卖多少？"他们的潜台词其实是："你能保证我进的货赚钱吗？能赚多少？"渠道合作商只关心销售产品能赚多少利润，他们不关心产品要解决什么问题。表面看来你的产品卖给渠道合作商了，其实是客户需求拉动了这一切。

这个道理听起来简单，但是常常被创业公司忽略。许多创业公司以为只要与渠道合作商签订合同，把货发出去就万事大吉，可以开香槟庆功了。记住，渠道合作商不负责创造需求，创业公司千万不能守株待兔，等待客户自己上门来买产品。所以我建议创业公司先接触客户，学习如何创造需求，了解客户为什么买产品后再物色渠道合作商。只有先了解客户，才能回答渠道合作商的问题，说服他们采购产品。

第三步：调整产品定位和公司定位

调整定位是为了帮助客户更好地理解产品的价值和公司的理念。在客户探索阶段提出的产品定位和公司定位只是主观猜测，现在我们拜访了数量可观的潜在客户，掌握了更多有关客户工作和生活的细节，是时候做出调整了。第三步的任务有以下三项。

A. 根据市场类型调整产品定位。

B. 根据市场类型调整公司定位。

C. 向行业分析师和有影响力的人展示产品。

A. 根据市场类型调整产品定位

有些创业公司认为应该聘请专业营销人士规划产品定位，但是经验表明，这项工作应该由客户发展团队来完成。客户发展团队直接与潜在客户打交道，他们比其他同事更清楚是什么让客户头痛，更清楚客户需要什么，更了解销售路线图还存在哪些问题。他们比其他人更适合构思产品定位。

产品定位首先取决于产品面对的市场类型。产品要面对哪种市场？是现有市场、全新市场，还是细分市场？根据潜在客户的反馈信息以及收集到的同类产品信息，你应该更清楚产品要面对哪种市场类型。请根据假设的市场类型调整产品定位。

表 4-3 比较了不同市场类型的产品定位策略。

表 4-3 各种市场类型的产品定位策略

现有市场	分析同类产品,突出产品的优势,比如技术指标
全新市场	充分展示产品要解决的问题,避免一味强调产品的技术优势
细分市场	突出价格优势或同类产品不具备的小众特色

Snapshot 是一款具备独特功能的财务软件,奇普与客户接触后发现 Snapshot 软件没有直接的竞争对手,也就是说,InLook 公司开创了一个全新的市场。但是起初奇普犯了错误,因为他是程序员出身,喜欢从技术角度看待产品,所以介绍产品时总是习惯性地强调软件的技术指标。可他的目标客户是财务人员,他们对软件术语和单位所知甚少,自然对 Snapshot 软件不感兴趣。吃了几次闭门羹后,奇普逐渐意识到应该改变策略,于是转而强调 Snapshot 软件能为客户解决什么问题。最后他提出"实现企业利润可视化"的产品定位,事实证明很有效。

B. 根据市场类型调整公司定位

公司定位与产品定位的区别是什么?产品定位传达特定产品的特色和优势。公司定位则回答"公司能为客户提供什么?"以及"公司存在的理由和独特之处是什么?"这样一类问题。公司定位应该达到这样的效果,即客户听后会忍不住追问:"这正是我想要的,请说详细点"。

InLook 公司正在开创全新的市场,没有经验可供借鉴。通过与客户的接触,奇普发现 CFO 群体的工作性质使他们迫切需要可视化的财务管理软件。于是 InLook 公司的定位瞄准 CFO 的需求,提出"助 CFO 一臂之力,提高公司盈利水平"的口号。表 4-4 比较了不同市场类型的公司定位策略。

表 4-4　各种市场类型的公司定位策略

现有市场	分析竞争对手,凸显公司的优势和信誉
全新市场	无竞争对手,不必强调优势,应该充分展示公司的宏伟愿景和计划
细分市场	凸显细分市场如何使客户受惠,以及公司改变现状的创新思路

我喜欢简洁的公司定位,越简单越好。怎样言简意赅地表达公司定位呢?我建议多收集业绩优秀的公司定位,看看别人强调什么,你忽略了什么,留心分析比较,熟能生巧。完成定位调整后,用备忘录的形式把调整后的产品定位和公司定位记录下来,替代在客户探索时提出的假设。今后撰写营销文案和产品介绍时也应该以新的定位为方针,保证所有宣传资料表述一致。

C. 向行业分析师和有影响力的人展示产品

前面已提醒过读者多参加产品展销会,多结识行业分析师和行业中有影响力的人，记录他们的联系方式和从事的领域。行业分析师是这样一类人，他们所在的公司能提供独立客观的调查和咨询服务，内容通常包括市场行情、业界趋势，甚至特定产品分析。这类公司包括 IT 领域的高德纳（Gartner）咨询公司、大众娱乐领域的 Kagan 公司等。在行业中有影响力的人通常是指某个特定行业的意见领袖，他们经常出席行业会议并发言，定期在相关出版物上发表文章，有些是高校的研究学者。

接触行业分析师和有影响力的人，一是希望借助他们的经验，请他们对产品定位、公司定位、产品功能发表意见，查漏补缺；二是争取他们的支持，为今后借助媒体宣传产品做准备。注意，在请教他们的意见之前，应该先了解你要拜访的对象关注哪些领域，千万不要向研究大众消费领域的分析师请教 IT 领域的问题，那会显得你既不专业，也不礼貌。事先准备好破冰的办法，想想怎样说服对方见你。最好的办法是告诉对方你的产品解决了什么问题，以及天使客户对产品的看法，这是证明公司"很重要"的好办法。只要对方觉得你的产品有机会改变现有市场格局，一定会答应见你，因为谁都不愿意错过结识业界的"黑马"。

如果对方愿意见面，问问对方能给你多长时间，使用什么形式展示产品（是 PPT 介绍、演示产品原型，还是口头聊聊），希望你重点介绍哪些内容（是技术、市场、客户，还是需求），然后根据对方的要求准备资料。注意，展示的目的不是向对方推销产品，而是引发对方思考，发现问题。邀请不同的人从不同的视角审视产品定位、产品功能、公司定位，常常会有意想不到的收获。

我通常会请教对方几个问题。哪些公司在尝试生产同类产品？我的产品定位是否符合市场需求和客户需求？公司定位是否合适？产品价格应该定在什么水平？其他公司的产品价格如何？组建公司时会遇到哪些麻烦（筹集资金、招聘员工、竞争压力等）？对方建议下一步该做什么？

约见若干行业分析师和有影响力的人之后，可以进入客户检验的最后阶段了。

第四步：阶段小结

前三步的任务是检验销售路线图、销售渠道、产品定位、公司定位是否存在问题。第四步回顾、总结工作成果，判断是再开展一轮客户检验，还是进入客户培养阶段。

A. 小结产品解决方案。

B. 小结销售路线图。

C. 小结销售渠道。

D. 小结商业模型。

E. 判断下一步走向。

A. 小结产品解决方案

在客户探索的最后阶段，也曾小结过产品解决方案，但是那时还没有尝试向潜在客户销售产品，因而缺少明确的检验标准。现在应该加上一条检验标准：是否有天使客户愿意预购产品。除此以外，请再次回顾所有有关产品功能的反馈信息，检查你是否能回答以下问题。

- 是否有天使客户愿意预购产品？
- 第一版产品在多大程度上能满足现有客户的需求？
- 潜在客户最看重产品的哪几项功能？
- 是否有潜在客户因为缺少某项功能而拒绝购买产品？
- 是否有潜在客户因为交货时间太长而拒绝购买产品？
- 第一批产品能否在客户要求的日期交货？
- 产品开发团队是否了解以上这些情况？
- 如果不改变现有产品设计，客户发展团队是否有信心持续地把产品销售出去？

B. 小结销售路线图

为了制定销售路线图，应该准备销售资料，寻找天使客户，绘制组织结构图，尝试向客户销售尚未完成的产品。现在请回答以下问题，检查销售策略是否有效，还有哪些地方要修改。

- 是否摸索出接近决策者、影响者的经验？
- 是否每次都接触到购买产品的决策者？
- 是否因为忽视了作梗者而导致销售失败？
- 组织结构图是否每次都准确再现了客户的内部关系？
- 说服客户的顺序有何讲究？
- 是否有潜在客户认为价格过高而拒绝购买？如果没有，那么定价是否偏低？
- 除了单一的定价方式，是否应该考虑多样的定价策略？
- 新员工仅仅按照销售路线图的指示能将产品顺利销售出去吗？
- 是否准备好组建正式的销售团队？

C. 小结销售渠道

无论是通过间接渠道销售产品，还是采用直销，应该已经拿到一些产品订单了。请回顾渠道合作过程，回答以下问题，检查前面提出的销售渠道策略是否可行。

- 采用现有销售渠道的成本是多少？
- 渠道成本占总成本的比例是否超出了原来的计划？
- 是否出现了预料之外的渠道成本支出？
- 平均销售周期有多长？
- 平均零售价格是多少？
- 能估算每家零售店一年的销售额吗？

- 现有渠道的销售潜力如何？
- 为了进一步创造需求，还应该采取哪些方式（广告、公关、参加产品展销会等）？
- 平均每争取一位客户的营销成本大约是多少（平均营销成本不能高于客户终生价值）？
- 如果采用直销的方式，每个销售团队需要哪些人手（销售、售前技术支持、售后服务等）？
- 如果采用直销的方式，需要多少个销售团队？

D. 小结商业模型

知道有多少客户愿意购买产品以及生产和销售的成本以后，有必要根据已经掌握的数据重新检查商业模型是否能保证盈利，同时更新销售收入计划和业务扩张计划。请回答以下问题。

- 产品开发成本是否有变化？第一版产品的开发成本是否增加了？
- 实现批量生产需要满足哪些条件？
- 满足这些条件是否需要支付额外成本？
- 额外增加的成本是否会导致预算超支？
- 估计未来 3 年可以销售多少产品？
- 客户的平均终生价值大约是多少？
- 计划何时实现正向现金流？

- 在实现盈利之前，还需要多少资金维持公司运转？
- 是否需要再筹集资金用于业务扩张？

E. 判断下一步走向

回顾以上各小结，冷静思考是否真的完成了既定的目标，是否准备好了进入下一个阶段。千万不要为了赶进度，走马观花敷衍了事。从客户培养开始，公司将投入大量的人力和物力用于产品营销和品牌推广，资金压力会越来越大，仓促上阵通常会直接导致创业失败。

首先，是否找到了愿意购买产品的天使客户？如果一位都没有找到，则有两种可能性。第一，还没有找到有效的销售策略，请根据客户的反馈意见，修改销售路线图，返回客户检验第一步（准备销售产品），重新开展一轮客户检验。第二，已经反复开展多轮客户检验，尝试了能想到的所有销售办法，但是产品仍然无法吸引客户。这说明产品本身存在问题，应该在保留核心技术的前提下，修改产品设计，重新设置产品功能。这意味着你不得不返回到客户探索，从零开始执行客户发展流程。

其次，即使找到了愿意购买产品的天使客户，也要考虑以下两种情况。第一，产品能按期交付给客户吗？产品开发进度总是延期，如果不能按时交付产品，天使客户在同事和亲友中的信誉将受损，最终会离你而去。第二，本来产品可以如期交付，但由于客户发展团队答应客户增加额外功能（否则客户不会购买产品），导致开发任务增加，无法按时交付。遇到这种情况，应该向客户说明情况，承认错误，争取对方的谅解，取消无法完成的订单，围绕新的产品设计开展客户探索。这样做的代价并不高，总比大量裁员好，至少发现了客户需要什么。

如果所有目标都达到，发现了客户亟待解决的问题，找到了愿意购买产品的天使客户，摸索出屡试不爽的销售路线图，也证明商业模型可以盈利，那么恭喜你可以进入客户发展方法的第三个阶段。

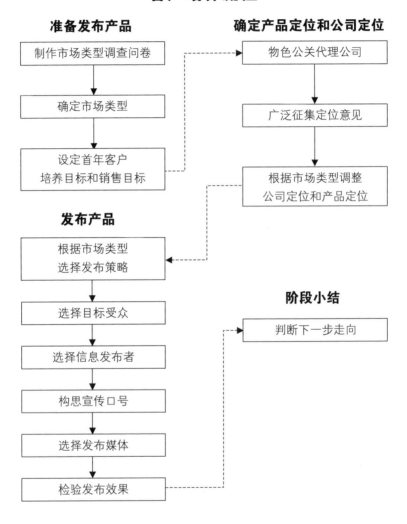

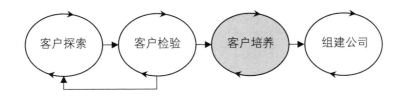

第 5 章

客户培养

Customer Creation

> 凡事皆有定期,天下万物皆有定时。
>
> ——《旧约·传道书》

PhotosToYou 是一家为客户提供在线打印数码相片服务的公司。20 世纪 90 年代末,该公司的三位创始人厄尼(Ernie)、陈(Chen)和戴夫(Dave)看到了数码相机市场的巨大潜力,嗅到了其中的商机。当时,数码相机用户只能在家中使用低端的彩喷打印机打印数码相片,质量远不如传统胶片冲洗出的相片。于是三人决定成立一家公司,购买最先进的数码打印设备,借助互联网为客户提供高质量的数码相片打印服务。客户只需将数码相片通过网络发给 PhotosToYou 公司，支付相应费用后，就能收到该公司寄来的高质量相片。

PhotosToYou 公司刚成立时，全球每年大约要冲洗 820 亿张传统相片，开销约为 370 亿美元。但是，因为数码相机在民用领域正在逐渐取代传统相机，所以这两个数字逐年下降。当时，一方面，数码相机的销量平均每年递增 50%；另一方面，新出现的数码相片无处打印，这里蕴藏了巨大的商机。三位创业者相信，通过互联网为客户提供便利的高质量数码相片打印服务，将会开创一个全新的市场。

三人邀请我担任创业顾问，负责帮助他们调查数码相机市场。通过走访数码相机用户，了解到大多数人虽然喜欢数码相机的即时成像功能，以及由此带来的便利（比如通过网络共享相片），但是他们仍然怀念高质量的传统相片，保留着冲洗相片的习惯。多数用户仍然保留了传统相机，使用胶片拍摄有纪念意义的瞬间，然后冲洗出来以便长期保存。如果能方便打印出和传统相片一样清晰的数码相片，用户肯定接踵而至。

PhotosToYou 公司建立了一套全数字化的打印流程。为了校正色彩和提高画质，专门针对市面上销售的每款数码相机进行了优化，不同相机拍摄的照片采用不同的打印配置。公司开发了简便易用的 Web 应用，以方便客户上传相片、在线付款。为了提供良好的服务,培养忠实客户,公司还搭建了服务系统,以跟踪订单和记录进度。试用过 PhotosToYou 公司服务的客户都对它赞赏有加,纷纷向亲友推荐。

凭借前景诱人的创意和务实肯干的作风,PhotosToYou 公司很快赢得了风险投资公司的青睐,融资成功。这时出现了竞争对手,公司为了甩开竞争对手,高薪聘请有大企业工作经验的 CEO 和营销主管。这两人都迷信所谓的先发优势,也热衷于品牌推广,还计划把 PhotosToYou 公司打造成市场上第一个数码相片打印品牌。两人说服三位创始人相信只有强大的品牌效应才能吸引客户,应该迅速抢占市场份额。于是营销部门开始贯彻落实这条高层指示,想尽办法推广 PhotosToYou 公司的品牌形象。推广计划包括:与多家数码相机生产商合作,在产品的外包装上放置 PhotosToYou 公司的广告,消费者只要购买数码相机,就会知道 PhotosToYou 品牌;与多家 PC 生产商合作,在出厂的 PC 中预装 PhotosToYou 公司的软件客户端;在数码相机零售店张贴广告;在门户网站上购买广告位;在传统媒体上放置广告。大规模的营销战役蓄势待发。

虽然这套推广计划听起来很完美,但是实施起来却很难。首先,财大气粗的数码相机生产商和 PC 生产商都不愿意跟名不见经传的小网站合作,假如 PhotosToYou 公司的服务名不副实,那岂不是搬石头砸自己的脚?而且现在还不知道谁会最终坐上这个新兴服务行业的头把交椅，它们不愿轻易建立合作关系。其次，虽然美国在线和 Yahoo 等门户网站同意 PhotosToYou 公司打广告，但是要价高得惊人，还要事先付款，PhotosToYou 公司负担不起。最后只剩下在传统媒体上放置广告一条路可以走。

现在停下来想一想品牌推广对 PhotosToYou 公司真的这么重要吗？只有这一种方法吸引客户吗？PhotosToYou 公司这样做是迈上了康庄大道，还是踏上了一条不归路？细心的读者应该已经发现 PhotosToYou 公司的决策层犯了错误。如果 PhotosToYou 公司推出的是一项大众已经熟悉的服务，那么品牌推广策略是合适的，但是该公司开创的是一个全新市场，这样大张旗鼓地推广品牌无异于拿钱打水漂。PhotosToYou 公司需要的不是品牌推广，而是要首先辨清市场类型，然后稳健地培养客户群，而这正是本章介绍的客户培养的目标。

客户培养的理念

PhotosToYou 公司完全忽视了甄别市场类型的工作，没有人停下来考虑公司面对的究竟是全新市场、现有市场，还是细分市场。请读者回顾第 2 章有关划分市场类型的内容，所谓开拓全新市场是指公司发明了一种新的产品或服务，让用户做了以前无法做到的事情。

由于不理解市场类型对创业的决定性作用，公司决策层犯了冒进的错误。首先，PhotosToYou 公司的客户只可能是数码相机的用户，因而公司营业收入必然受到现有数码相机用户人数的限制。当时，数码相机市场本身还处于成长期，PhotosToYou 公司的业务增长不可能超过数码相机市场的份额，不计成本地投放广告必然造成浪费。其次，PhotosToYou 公司通过互联网开展业务，只有那些方便访问互联网的人才可能成为客户，但是，1999 年美国的互联网普及率仍然较低，公司的业务增长速度只会低于互联网的普及速度，不可能超前。如果同时考虑这两个客观因素的影响，那么符合条件的潜在客户人数更少。PhotosToYou 公司面临的是一场持久战，但是决策层却想速战速决。

作为公司的顾问，我建议决策层放弃品牌推广计划，先消化现有的潜在客户，培养客户对公司的信任感，利用三到五年的时间逐步培养客户群。如果坚持执行品牌推广计划，我担心不到一年，公司的资金就会耗尽。第二年潜在客户数量自然增长后，公司反而拿不出钱来投放广告，到那时，竞争对手可以轻易夺走客户。

CEO 和营销主管听不进我的意见，他们只想抢占市场份额。可问题在于，PhotosToYou 公司面对的是一个尚未形成的市场，怎么去抢占呢？必须先告诉潜在客户什么是在线打印服务，而不是花钱抢占不存在的市场份额。我认为只有通过培养天使客户，借助口碑营销才可能让 PhotosToYou 公司站住脚跟。我的建议没有被头脑发热的决策层采纳。他们坚持认为自己的经验没错，甚至嘲笑我提出的市场类型理论。PhotosToYou 公司终于开始了广告轰炸，它像一列失控的火车，直冲终点而去。

大量投放广告后，虽然公司的业务量增加了，但是离收回广告成本还差得远。事后发现，这些被广告吸引来的客户很不稳定，很多人后来再也没有访问过公司的网站，客户数量达到顶峰后开始逐渐下降。结果和我预料的一样，PhotosToYou 公司很快花光了投资者的钱，最后因资金链断裂而退出了历史的舞台。

客户培养与市场推广

客户培养是指一系列帮助潜在客户认识产品，并引发购买行为的活动。许多创业公司误以为客户培养就是单纯的市场推广，所以我特地提出这个概念，以突出四点区别。第一，客户培养意味着客户不是现成的，需要引导；第二，客户培养关注具体客户，而不是仅仅着眼于宏观的市场活动；第三，它是创造性的活动，不是机械地执行任务；第四，它与市场类型密切相关。

为什么要强调这些区别呢？传统的市场推广方式通常被成

熟的大企业采用，前提是市场已经存在，它们推广的是改良的后续产品。除非创业公司打算进军现有市场（生产市场上已有的产品），否则不能照搬这种经验。选择合适的客户培养策略，首先要回答两个问题：第一，面对的是哪种类型的市场？第二，定位是什么（谁是我们的客户，他们的需求是什么）？从某种意义上说，客户探索和客户检验的目标就是确定市场类型和市场定位；客户培养的目标则是利用前两步收集到的信息培养更多的客户。

如何选择市场类型

从客户发展的第一步开始，我们就一直在考虑自己面对是哪种市场类型（现有市场、细分市场、全新市场）。现在必须作出决定，因为市场类型决定了应该如何制定客户培养策略。创业公司的定位完全取决于它选择的市场类型。通过与客户的接触，我们收集了不少有用的信息，这些信息是制定决策的依据。除此以外，对于如何选择市场类型，我还有一些建议。在提供建议之前，我先分享两条前人的经验。

新兰切斯特模型与孙子兵法

兰切斯特模型是一套作战仿真模型，后来被日本人应用于制定商业策略中。它传入美国后，被简化成几条对现有市场进行分类的规则，被称作新兰切斯特模型。我发现这套规则很适合创业公司用来确定自己的市场类型，内容如下。

- 如果市场上排名第一的公司的市场份额达到 75%，那么市场实际上已经被它独家垄断，比如微软公司。创业公司想直接挑战独家垄断企业几乎是不可能成功的，只能选择细分市场。
- 如果排名前两位的公司共同占据 75% 的市场份额，且第二位的市场份额不低于 28%，那么意味着出现了双头垄断。比如思科和瞻博盘踞的路由器市场。即便是在这种情况下，创业公司直接发起进攻的胜算也微乎其微，最好选择细分市场。
- 如果排名第一的公司的市场份额在 26% 与 47% 之间，那么说明市场尚不稳定，市场排名随时可能发生变化。这种情况对创业公司比较有利。
- 如果排名第一的公司的市场份额不足 26%，那么市场仍然处于开放状态。这种环境最适合创业公司的生长。

新兰切斯特模型还有一条补充规则。如果创业公司想要战胜垄断企业，成为市场上的老大，那么它花在市场营销上的成本至少应是对方的 3 倍。即使是在尚不稳定的市场里，要战胜已经领先的竞争对手，创业公司的市场营销成本至少也是对手的 1.7 倍。

中国古代的《孙子兵法》上说：故用兵之法，十则围之，五则攻之,倍则分之,敌则能战之,少则能逃(守)之,不若则能避之。故小敌之坚,大敌之擒也。意思是说,我十倍于敌,就实施围歼;五倍于敌,就正面进攻;两倍于敌,就设法分散敌人各个击破,打得过才打,打不过就坚守阵地,避免作战,或者趁机逃走。实力弱小的一方若不自量力,与敌硬拼,那就会成为敌人的俘虏。

显然,新兰切斯特模型与《孙子兵法》上的这段话传达了相同的信息:除非创业公司有超出对手的经济实力,否则硬碰硬是不可取的。

如果选择进军现有市场,那么最明智的做法是进一步细分市场。目标是抓住竞争者的弱点,发挥创业公司的灵活性和创新性,在某一方面(比如,产品特性、成本、销售渠道、覆盖区域等)做到出类拔萃,或者抓住特定客户群(具有不同年龄、性别、宗教信仰、兴趣爱好的人)的需求。

进军现有市场必须抢占竞争对手的市场份额,对不愿向虎口夺食的创业公司而言,还有一条路可以走,就是开拓全新的市场。如果所有客户都认为你的产品独一无二,查遍了所有资料也找不到同类产品,那么恭喜你开拓的是一个全新的市场。开拓全新市场与进军现有市场截然不同。全新市场不仅意味着没有竞争对手,也意味着没有现成的客户和市场份额。无论你在广告营销上花多少钱,也不可能占到不存在市场份额。你唯一能做的事是耐心培养客户。

虽然开拓全新市场的公司可以成为市场标准的制订者，拥有相对自由的定价空间，但是不可能迅速盈利，产品上市后通常还要花 3 到 7 年时间才能实现正向现金流。这是我花了 20 多年时间，观察几百家科技创业公司得出的结论。也许你能列举出个别反例，但是我更愿意相信那是泡沫经济的产物，而不是真实的市场反映。

一旦了解了不同市场类型的区别，就不难发现许多创业公司发布产品的做法多么荒唐。一些尚未开始盈利的小公司，也采取与实力雄厚的大企业发布后续产品一样的方式发布新产品。在泡沫经济时期，轻易获得的大量资金通常会掩盖问题的严重性。在资金紧张的情况下，市场绝不会给你第二次机会。

客户培养时机

虽然客户培养是客户发展方法的第三个阶段，但是它实际上贯穿整个客户发展流程，从公司成立的第一天起就要树立培养客户的观念。我提倡创业公司应尽早熟悉客户和市场，在找到可行的销售路线图之前，任何大规模的市场推广和公关活动都是浪费。如果你一直严格遵守客户探索和客户检验的要求，那么应该已经准备好培养客户了。在客户探索阶段，创业公司会提出有关待解决问题的假设和产品概念，据此寻找潜在客户。

在此过程中，创业者逐渐了解谁是自己的竞争对手，以及他们如何解决客户的问题，从而初步形成自己的定位。在客户检验阶段，创业公司要摸索客户购买产品的习惯和条件，并制定可行的销售路线图，同时进一步调整自己的定位，选择市场类型。进入客户培养阶段，创业公司应该已经确定了市场类型和定位（否则应该返回上一步，继续开展客户检验），再根据不同的市场类型选择不同的客户培养策略。这里绝不存在放之四海皆准的办法。

客户培养与客户发展团队

到目前为止，还没有明确划分营销团队和销售团队。在大企业里，产品开发团队、营销团队、销售团队各自为政，产品开发团队只负责开发产品，营销团队只负责营销推广，销售团队只负责销售产品。各部门只着眼于手头的工作，忽视了局部与整体的关系。如果产品销售业绩不佳，销售部门就会指责营销部门宣传力度不够，营销部门则指责销售部门偷懒，产品开发部门则指责销售部门和营销部门不理解产品的技术优势和价值。我很早就注意到了这个问题，所以提倡客户发展应该由统一的客户发展团队来承担，大家一起调查客户想解决什么问题，一起验证销售路线图，一起制订客户培养计划，以避免出现问题各部门"踢皮球"。这样做也是为了精简机构，节省开支。虽然有些同事负责起草宣传文案，有些同事负责处理订单，但是他们都属于客户发展团队。等进入下一步"组建公司"后,才需要正式组建营销部门和销售部门。

客户培养流程概述

与前两个阶段一样,客户培养也分为四步(见图5-1)。第一步为发布产品做准备,包括确定市场类型(它决定客户培养策略)和市场规模,设定首年客户培养目标和销售目标,制定客户培养预算。第二步起草产品定位资料。第三步发布产品,同时制定检验发布成果的标准。第四步结合销售路线图,测评广告、公关创造市场需求。

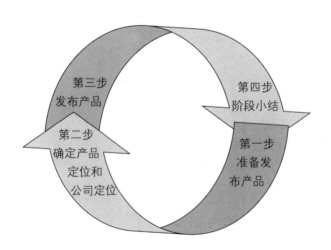

图 5-1　客户培养流程

第一步：准备发布产品

第一阶段为客户培养活动做准备。以往的市场营销活动总是强调执行，这种做法过于鲁莽。执行确实重要，但是应该先制定出客户培养策略。第一步要完成以下三项任务。

A. 制作市场类型调查问卷。

B. 确定市场类型。

C. 设定首年客户培养目标和销售目标。

A. 制作市场类型调查问卷

完成客户探索和客户检验意味着已经找到了天使客户，为什么不请他们协助确定市场类型呢？我建议制作调查问卷，请天使客户填写，这样做可以提高决策的准确性。下面是某家生产企业级产品的公司制作的市场类型调查问卷，生产消费类产品的公司（包括互联网公司）可以参考这张调查问卷制作符合自己需要的调查问卷。

市场类型调查问卷内容如下。

- 我们是否理解贵公司的业务？
- 我们是否知道您的职位（工作性质）？
- 我们是否知道您亟待解决的三个问题？
- 我们的产品能否解决这些问题？

- 您见过类似的产品吗？
- 如果见过，我们的产品与它们有什么区别？
- 您更喜欢哪款产品？
- 如果没见过，您怎么看我们公司的定位？
- 我们的公司和产品是否独树一帜？

- 您认为哪些公司会是我们第一年的竞争对手？
- 哪些公司是我们最终的竞争对手？
- 我们要与之抗衡，还应该做什么？

- 您知道我们的市场定位吗？有没有吸引力？
- 如果不妥，您认为应该如何修改？

- 我们应该留心哪些技术/产品趋势？
- 哪些人是该趋势的意见领袖？您最信任谁？
- 我们应该留心哪些商业趋势？
- 哪些人是该趋势的意见领袖？您最信任谁？

B. 确定市场类型

只有正确理解产品面对的市场类型，创业公司才能避免重蹈 PhotosToYou 公司的覆辙。请根据前两个阶段客户发展的情况以及对天使客户开展市场类型调查的结果做出你的判断。选择正确的市场类型对创业公司的重要性已经强调多次，不再赘述。这里只补充说明选择各种市场类型存在的风险。

进军现有市场必须面对盘踞市场的竞争者,因而成本更高。不要低估营销成本和销售成本,再好的产品也要借助销售渠道和广告公关"推给"潜在客户。由于销售渠道已经被竞争者占据,所以建立自己的销售渠道风险大幅增加。前面已提及,挑战垄断企业的公司花在营销和销售上的成本至少是对方的 3 倍,即使是在尚不稳定的市场里,要战胜已经领先的竞争对手,成本至少也是对手的 1.7 倍。对创业公司来说,这绝对是高昂的代价。

如果选择细分市场,那么产品必须具备超越竞争对手的特色(比如更高的性能、更低的成本等),也就是实现差异化定位。下面举两个例子来说明。第一个例子,Transmeta 是一家生产微处理器的公司,它的处理器与 Intel 公司的产品兼容。显然,如果 Transmeta 公司的产品仅仅与 Intel 公司的产品兼容,那么它面对的就是现有市场。由于直接与 Intel 公司对抗难度很大,所以 Transmeta 公司的目标是生产比 Intel 公司的处理器功耗更低的产品,借此进一步细分市场(比如满足移动设备对低功耗处理器的需求)。但是很不幸,Transmeta 公司的研发团队没能实现这个目标,所以该公司的产品不得不与 Intel 公司的产品正面竞争。最后 Transmeta 公司因为业绩不佳被一家名不见经传的小公司收购,从此退出了市场。

第二个例子是一家家具公司。该公司敏锐地发现中低收入水平的消费者对家具的品味越来越高，于是决定专门生产低成本的、具有设计感的家具。为了进一步降低人工成本，公司让消费者在卖场里自行挑选家具。除了家具价格低廉外，公司还提供与众不同的服务，比如在现代化的卖场内设置餐厅，出售可口的咖啡，甚至帮助消费者照顾儿童。面对现有市场，这家公司做到了与众不同，现在它的家具卖场已经遍布全球，这家公司名叫宜家。

如果选择开拓全新的市场，因为短期内收回投资的可能性很小，所以要做好打持久战的心理准备。以 Tivo 公司的数字视频录像机（digital video recorder，DVR）产品为例，为了避免与传统的录像机产品竞争，Tivo 公司把新产品命名为 DVR（区别传统的 VCR）。这样做虽然在制定产品价格时不再受传统产品价位的约束，但是也给产品推广带来了麻烦。Tivo 公司花了三四年的时间才让消费者逐渐接受新产品。

关于先发优势

选择开拓全新市场的公司总是想先于竞争对手推出产品，抢占所谓的先发优势。但是这种先发优势是否真的有效果？先发优势这个概念最早是由斯坦福大学商学院教授大卫·蒙哥马利（David Montgomery）和马文·里伯曼（Marvin Lieberman）在 1988 年的一篇论文中提出来的。后来它迅速被人们接受，并逐渐演变成某种颠扑不破的"真理",即只有第一个推出产品的公司才能占据最大的市场份额。这种观念对后来的互联网泡沫经济起了推波助澜的作用。具有讽刺意味的是,1998年这两位作者又发表一篇论文收回他们10年前的论点。但是已经太迟了,那些将蒙哥马利视为导师的硅谷的风险投资公司已经催生了巨大的泡沫。

早在1993年,彼得·N.戈尔德(Peter N. Golder)和杰拉尔德·J.泰利斯(Gerald J. Tellis)在他们的文章中对开拓新市场的创业公司进行了更有说服力的分析。他们调查了500家创业公司(涉及50个产品种类),发现近半数的所谓行业先锋都以失败而告终。反倒是那些跟在第一名身后的公司往往寿命更长,后来居上。比如,福特是美国第一家批量生产汽车的公司。1921年,福特公司销售了90万辆T型车,占60%的市场份额,而通用汽车公司的Chevy轿车仅仅销售了6万辆,仅占5%的市场份额。此后10年,福特公司一直忙于降低生产成本,而通用汽车公司则致力于开发新车型。到1931年,通用汽车公司的市场份额超过福特公司,成为市场第一。此后通用汽车公司再也没有给福特公司翻身的机会。可见第一个推出产品的公司并不一定能占据最大的市场份额。丰田公司1964年才进入美国市场,但是这并不妨碍它的销售额超过福特公司。先发优势不是护身符,对创业公司而言,首先要理解市场类型,然后通过差异化定位和持续的进步来赢得市场。

C. 设定首年客户培养目标和销售目标

确定市场类型后,才能制定第一年的客户培养目标和销售目标,这是因为目标的制定与市场类型密切相关。下面分别针对三种市场类型说明制定首年目标的方法。

选择现有市场

如果选择现有市场,第一年的目标必然是尽可能抢占竞争对手的市场份额。首先要估计整个市场的规模,由于是现有市场,所以相关数据和信息既可以在公开的出版物上查到,也可以向咨询公司购买,再结合创业公司自己的调查结果,得出修正后的数据。显然,创业公司第一年不可能占领整个市场,所以还要减去无效的部分。无效部分包括,已经购买了竞争对手产品的客户,产品暂时无法完全满足其需求的客户,以及需要完整的、一揽子服务的客户(比如售前服务、售后支持等,这类服务通常只有成熟的企业才有能力提供)。

如果行业特殊(比如消费品行业)难以估算无效部分,那么可以请客户发展团队根据接触潜在客户的经验来估算第一年的客户人数。先问自己:"如果没有竞争对手,而且产品免费提供,第一年有多少客户愿意用我们的产品?"然后问自己:"如果产品还是免费,但是有竞争对手,第一年有多少客户愿意用我们的产品?"接着问自己:"现在的定价有多少用户第一年负担得起?"最后问自己:"给定一定数量的销售人员,第一年可以销售多少产品？"这些问题可以帮助你估算出第一年的销售业绩上限。

确定销售目标后，再据此估算用于客户培养的预算。对创业公司来说，第一年会有不少一次性支出，包括启动公司和发布产品的费用、建立销售渠道的成本，以及培训费用等。通常第一轮估计的预算会大大超出公司的经济实力，需要反复精打细算，才能得出公司可以接受的预算。

最后，使用新兰切斯特模型的补充规则来检验预算。如果创业公司想要战胜垄断企业，成为市场上的老大，那么它花在市场营销上的成本至少是对方的 3 倍。即使是在尚不稳定的市场里，要战胜已经领先的竞争对手，创业公司的市场营销成本至少也是对手的 1.7 倍。

选择全新市场

如果选择全新市场，第一年的目标则与抢占市场份额毫无关系。原因前面已经解释过，创业公司不可能抢占尚不存在的市场份额。花费巨资投放广告只会造成浪费。PhotosToYou 公司的教训说明迷信先发优势很可能把创业公司推上一条不归路。

面对全新市场，第一年的目标应该是培育市场。利用有限的资源做好两件事。第一，让客户了解新产品能解决什么问题。

第二，发展天使客户，开展口碑营销。设定销售目标可以参考现有市场的估计方法，年底用增加的客户人数衡量是否完成了销售目标。

选择细分市场

如果选择细分市场，第一年的目标更复杂。它包含上面提到的两种情况，创业公司既要抢占市场份额，又要培养新客户。不过估算销售目标的方式仍然相同，还可以用新兰切斯特模型的补充规则来检验你的预算。

第二步：确定产品定位和公司定位

定位的基本原则不是刻意创造新奇的或与众不同的东西，而是要确立品牌在客户心目中的位置。在客户探索和客户检验阶段，已经讨论过产品定位和公司定位的问题，甚至还制定了初步的价值主张，现在要进一步根据客户、媒体、行业分析师的反馈意见修正定位。接下来完成以下三项任务。

A. 物色公关代理公司。

B. 广泛征集定位意见。

C. 根据市场类型调整公司定位和产品定位。

A. 物色公关代理公司

公关代理公司不能代替创业公司选择定位,但是可以协助创业公司把定位信息更广泛地传播出去,比如联系媒体发表文章,请具有行业影响力的人试用产品等。称职的公关代理公司还会根据自己的经验和市场调查结果协助创业公司完善产品定位。

挑选公关代理公司要留意以下几个问题。第一,公关代理公司应该熟悉创业公司所在的行业。第二,优秀的公关代理公司应该有一套衡量公关效果的标准。第三,它应该有独立策划和创新的能力,而不是仅仅充当创业公司与媒体之间的传声筒。第四,它要理解市场类型与公关活动的内在关系,不同类型的市场应该采用不同的公关策略。

B. 广泛征集定位意见

确定产品定位之前,有必要征集公司内部员工和公司以外人士对产品定位的意见。征集外部意见的工作可以委托给公关代理公司,让公关代理公司联系潜在客户和具有行业影响力的人士,也采取调查问卷的形式征集意见。调查问卷的设置与市场类型调查问卷的内容略有不同。这里提供一份可供潜在客户、行业分析师、媒体人士、权威人士使用的调查问卷。

- 您听说过 A 公司吗?知道它是做什么的吗?

- 您见过与 A 公司产品相似的产品吗？
- 如果见过，A 公司的产品与其他公司的产品有什么区别？
- 您更喜欢哪款产品？
- 如果没见过，您怎么看 A 公司的定位？

- 您是否了解 A 公司的目标客户？
- 您是否熟悉这类客户要解决的问题？
- 您觉得 A 公司的产品能解决这些问题吗？

- 您能说出 A 公司产品的三项主要功能吗？
- 这些功能都是必要的吗？
- 还应该增加哪些功能？
- 您认为 A 公司的核心技术是什么？是否具有唯一性？

- 您知道 A 公司的市场定位吗？有没有吸引力？
- 如果不妥，您认为应该如何修改？

- 您认为哪些公司会是 A 公司第一年的竞争对手？
- 哪些公司是 A 公司的最终竞争对手？
- A 公司要与之抗衡，还应该做什么？

- A 公司选择的销售渠道是否合适？
- A 公司销售策略是否合适？
- A 公司的产品价位是否合适？价格是偏高还是偏低？

- 您认为 A 公司的优势是什么（产品、渠道、定位、合作伙伴等）？
- 您认为 A 公司的劣势是什么？
- A 公司应该留心哪些技术/产品趋势？
- 哪些人是该趋势的意见领袖？您最信任谁？
- A 公司应该留心哪些商业趋势？
- 哪些人是该趋势的意见领袖？您最信任谁？

征集外部意见的工作虽然可以委托给公关代理公司，但是最好先由客户发展团队调查一些对象，以确保问卷没有问题后，再交给公关代理公司来做。

征集内部员工对定位的意见是为了给那些平时没有机会发表意见的员工一个机会。我在自己的公司内部征集意见时，常常有意外的收获。这样做不但能发现好点子，还能挖掘人才。

C. 根据市场类型调整公司定位和产品定位

公司定位要回答客户提出的这样一个问题："你们公司能为我做什么？"公司定位必须围绕客户展开。定位信息能吸引潜在客户的注意吗？能让潜在客户激动或者产生亲切感吗？苹果公司给自己的定位是"酷电脑"生产商，专门吸引那些追求时尚的消费者。前面已经提过，创业公司向客户传达的定位信息应该与它选择的市场类型相符，接下来将进一步阐述如何根据市场类型确定公司定位。

选择现有市场

如果选择现有市场，创业公司的定位一方面要体现独特性，另一方面要树立可信度。比如 Handspring 公司进入 PDA 市场时，它一方面强调自己是具有创新能力的 PDA 设备制造商，另一方面通过宣传其创始人（PDA 的发明人）来树立可信度。

公司定位确定后，再确定产品定位。为了突出优势，产品定位应该强调产品与现有产品的差异，通常可以采用三种形式。第一，强调产品优势，比如操作更方便、响应更快、价格更低等。第二，强调渠道优势，比如限时送货上门、货到付款、零售网点覆盖面广等。第三，强调服务优势，比如 3 个月内无条件退货、5 年质保、终生保修等。Handspring 公司选择强调产品优势，其产品不仅具有更大内存，而且可以通过模块扩展其产品功能，这些特色在当时都具有很大的吸引力，所以 Handspring 公司在 15 个月内就占据了 30%的市场份额。

选择全新市场

如果选择全新市场，因为还没有竞争对手，所以公司定位就无需强调差异化，而应该传达公司的愿景和激情。这时公司定位应该回答这样两个问题："我们发现了什么亟待解决的问题？我们将带来什么样的变化？" Palm 公司成立时，为了开拓全新的 PDA 市场，它的定位强调 PDA 将大幅提高人们的工作效率和生活质量，事实证明它成功了。为了便于客户理解和接受，PhotosToYou 公司的定位本应是"让数码相机用户轻松打印高质量的相片"，但是它选择的是"最好的在线相片冲洗店"。这个定位假设消费者已经知道什么是在线相片冲洗店，而这是开拓全新市场的大忌。

公司定位确定后，产品定位就相对容易了。相信大家已经明白这时强调产品的优势是白费力气，因为客户根本不知道产品能做什么，宣传产品比其他产品更好是南辕北辙。如果 Palm 公司开拓 PDA 市场时使劲强调大容量的内存和可扩展的功能，那么消费者肯定不明白它在说什么。实际上，Palm 公司的做法是宣传 PDA 能解决什么问题，比如，"把所有功能装进口袋"，"随时随地处理公务"等。事实证明它们的做法是明智的。

选择细分市场

如果选择细分市场，则要抓住被现有产品忽略的、客户急于解决的需求，在公司定位上突出开创性，强调愿景。沃尔玛（Wal-Mart）公司是细分市场的成功代表。20 世纪 60 年代，美国的大型超市几乎被 Sears 和 Kmart 两家公司垄断。由于担心中小城镇居民的消费能力有限，这两家公司只在人口密度较大的城镇开设分店，结果美国的中小城镇几乎没有大型超市。

中小城镇的居民只能到附近的百货商店购买日用品，但是百货商店的商品种类有限，而且价格较高。沃尔玛公司的创始人山姆·沃尔顿（Sam Walton）发现了其中的商机，他认为中小城镇居民的收入水平虽然相对较低，但是对日用品的需求并不低，如果降低商品价格，中小城镇将是一个巨大的市场。当时，Sears公司和Kmart公司有着垄断优势，都不屑使用商品打折的策略，而沃尔玛公司偏偏把自己定位成"打折超市"，它以进货价格销售名牌美容产品和保健品，借此带动其他商品的销售。虽然商品定价普遍不高，但是总销量大，毛利润惊人。沃尔玛公司还积极尝试新技术降低超市运营成本，把竞争对手甩在身后。2002年，Kmart公司宣布破产，而沃尔玛公司则成为全球最大的公司之一。

第三步：发布产品

公司定位和产品定位确定后，即可着手准备宣布公司成立，并向公众发布产品。宣布公司成立的重点是宣布公司成立的目的，以及将提供哪类产品；发布产品则侧重阐述消费者为什么应该购买产品。从定义上讲虽然这是两件事，但是通常是同时进行的。第三个阶段主要有以下几项任务。

A. 根据市场类型选择发布策略。

B. 选择目标受众。

C. 选择信息发布者。

D. 构思宣传口号。

E. 选择发布媒体。

F. 检验发布效果。

A. 根据市场类型选择发布策略

发布产品像发射洲际导弹——开弓没有回头箭，一旦有偏差，后果就很严重，所以事先务必做到谨慎小心、深思熟虑。最重要的一点是根据具体的市场类型选择发布策略。与三种市场类型相对应的是三种发布方式，即全面推广、培养天使用户和小众发布。

全面推广

全面推广是一种全方位开展宣传的方式，它借助一切可以借助的手段（比如广告、公关、展销会、直邮等）进行正面营销推广，是最传统的做法。它在短时间内向受众释放高密度的宣传信息，可以有效地吸引消费者的注意，但是这样做代价很大，而且只适合针对已有市场进行宣传。

全面推广方式的成本可以用新兰切斯特模型的补充规则进行估计。我想提醒大家，有时候竞争对手越庞大、业务越多样化，创业公司成功的机会反而越大。你面对的不是对方的全部营销力量，只是某个子公司的广告部门。竞争对手业务面铺得越广，力量就越分散。假设你打算生产计算机鼠标，那么最大的竞争对手无疑是微软公司。根据新兰切斯特模型的补充规则，你的营销预算至少是微软公司的 1.7 倍，如果是这样，那么创业公司绝不可能与微软抗衡。事实上，你只是与微软公司的计算机外设部门竞争，而不是向整个微软公司开战。但这并不是说与微软公司的某个产品线竞争是件容易的事，举这个例子只是想要大家更准确地估计营销成本。

当然，这种对创业公司有利的形势不会一直持续，一旦竞争对手察觉到有威胁，就会集中力量对付你（想想微软公司当年是如何打压网景公司的）。如果选择全面推广的方式发布产品，那么一定要抓住有限的时间抢占市场，争取在竞争对手反击之前做好充分准备。

培养天使客户

这种方式比全面推广的成本要低得多，但是周期更长，它适合用于开拓全新市场。天使客户的共性是相信自己的判断，不轻易随波逐流。他们不像普通客户那样关注广告和公关活动，他们获取新产品的信息来源主要是朋友圈子和互联网社区。相比广告营销，口碑营销对天使客户更有效。从开始培养天使客户到形成一定的市场规模虽然需要经过漫长的过程，但它是非常稳健的积累。赢得天使客户的信赖比赢得普通客户的关注难，但是天使客户对产品的忠诚度更高。他们会热情地向亲朋好友推荐产品，成为最具说服力的营销力量。新市场不可能在短时间内出现，通常需要 3 到 7 年的时间来培养，当天使客户达到一定人数时，会出现马尔科姆·格拉德威尔（Malcolm Gladwell）所说的引爆点（tipping point），即市场需求开始高速增长。这种方式与全面推广方式截然相反，在形成一定市场规模之前，多数创业公司不可能盈利，要做好心理准备。

在互联网泡沫时期，风险投资公司和公关代理公司不分青红皂白地鼓励创业公司采用全面推广的方式发布产品，不管它们是进入现有市场，还是开拓全新市场。它们以为抢占先发优势可以吓退竞争对手。像 PhotosToYou 这样开拓全新市场的公司，因为迷信传统而误入了歧途，实在可惜。

小众发布

小众发布方式适用于细分市场。严格说来，细分市场也分为两种情况，一种情况是客户很清楚新产品能解决什么问题，另一种情况是客户不太明白新产品的作用。在前一种情况下，可以采用类似全面推广的方式，但是需要更精准地定位受众；在后一种情况下，应该采用类似培养天使客户的方式，同样要注意选择目标客户群。

B. 选择目标受众

确定发布策略后,接下来要确定目标受众(发布产品的宣传对象)。创业公司常犯这样一种错误,即把自己最熟悉、最容易接触的人群当成目标受众,而这类人群不一定是潜在客户。出现这种情况主要是由于创业公司在发布产品前与潜在客户接触得太少。客户发展模型可以帮助避免犯这种错误。如果严格遵守客户探索和客户检验的流程,那么应该已经有若干天使客户,稍加分析归类,不难找出他们的特征(年龄、性别、地域分布、兴趣爱好等)。更进一步,还可以得出潜在客户的影响关系图,了解哪些人影响购买产品的决策可以制定更全面的发布策略。创业公司常犯的第二种错误是把所有人都当成目标受众。不加区分地发布信息会导致信息浪费,效率降低。最理想的情况是针对小批客户(甚至个别客户)开展精准宣传。

针对不同的市场类型,选择目标受众有不同的讲究。现有市场的目标受众主要是产品的用户以及负责购买产品的人(不一定是产品的使用者)。全新市场的目标受众是潜在的天使客户,即意识到问题存在,并且主动寻找解决途径的人。细分市场的目标受众是那些感谢你进一步细分市场的人。

C. 选择信息发布者

选定目标受众后,接下来要考虑请谁来发布信息。要把信息成功地传递给目标受众,必须先将信息传递给有效的信息发布者。马尔科姆·格拉德威尔在《引爆点:如何制造流行》一书中提出的个别人物法则从另一个角度说明了选择合适的信息发布者的重要性。他的结论是,借助个别人物的特殊地位、人脉关系、个人魅力、影响力,信息可以像流行感冒一样迅速传播出去。马尔科姆提到了三种关键人物:内行、推销员、联系人。这三种人正是发布产品需要的信息发布者。

内行好比前面提到的行业专家,包括各种数据分析公司(如高德纳、NPD、AMR 等)的调查员、华尔街投资银行(如高盛、摩根士丹利等)的行业分析师和独立咨询师等,他们熟悉行业发展的历史和趋势,提出的意见受到普遍的重视。除此以外,媒体的特约撰稿人,特别是那些专门负责评测新产品的人也可以归到这一类,比如《华尔街日报》的技术专栏作家沃尔特·莫斯伯格(Walt Mossberg)、《纽约时报》的撰稿人大卫·波格(David Pogue)、《财富》杂志的撰稿人斯图尔特·阿索普(Stewart Alsop)等。这些人在观点上保持自己的独立性,因而受到媒体和大众的信赖。从客户探索开始,我已经提醒大家留心结交自己行业的内行。通过事先接触,向内行请教问题,赢得他们的好感,让他们乐意帮助你,不要等到发布产品时才去结识这些人,那就太晚了。

马尔科姆所说的推销员好比我提到的天使客户。天使客户愿意掏钱购买尚不完善的产品,从情感上说,他们比内行更关心创业公司的发展。他们会不遗余力地推广新产品，迫不及待地和亲友、同事分享自己的使用感受，是最卖力的拉拉队。虽然他们的权威性比不上内行，但是他们的热情比内行高。他们擅长使用夸张的表情和词汇来表达自己的感受，这绝非冷静、客观的内行可比。

比起前两种关键人物，联系人不太容易识别，他们既不是行业专家，也没有购买创业公司的产品。他们的特点是有着丰富的、跨行业的、跨领域的人脉关系，比如知名的博客作者、技术会议的组织者、行业协会负责人等。这些人通常也是所在领域的意见领袖。与结识行业专家一样，越早结识这些人越好，他们的影响力不可小觑。

如果创业公司联系不到足够多的信息发布者，还可以请公关代理公司协助。公关代理公司有丰富的人脉网络，而且知道哪些人最适合做信息发布者。

D. 构思宣传口号

负责公关工作的人都有这样的经验，虽然是表达同样一件事，但只要稍微改换说法，就会得到截然不同的公众反应。1981年，硅谷遭遇了地中海果蝇（mediteranean fruit fly）的袭击。地中海果蝇是世界上最危险的害虫之一，对 400 多种蔬菜、水果构成危害，它们的出现极大地威胁着硅谷所在地圣克拉拉市甚至整个加利福尼亚州的农业生产。加利福尼亚州是美国的农业大户,每年的农作物产量占美国农作物总产量的 25%。州政府决定不惜一切代价消灭这些害虫。最快捷有效的办法是动用直升机从空中喷洒一种名为马拉硫磷(Malathion)的杀虫剂。虽然喷洒这种杀虫剂对人畜无害,但是马拉硫磷这个词在美国常跟死亡和恐惧联系在一起。州政府宣布要从空中喷洒马拉硫磷,马上引起了民众的恐慌。大家一想到马拉硫磷从天而降落在自家院子里和孩子头上的情景,就怒不可遏。负责发布消息的官员在这件事上处理得过于草率,导致了一场公关危机。如果发布消息时把杀虫剂的名字改成"春雾"或者"夏露",就不会出现家家户户闭门封窗、怨声载道的情景了。你也许不相信换个说法可以有这样的效果,请想象一下,如果麦当劳的宣传口号是"提供可能含有大肠杆菌的、反复加热的隔夜牛肉汉堡包",会有什么样的后果。类似的例子还有,反对堕胎一方提出的口号不是"反对堕胎",而是"捍卫生命";支持堕胎一方的口号也不是"支持堕胎",而是"尊重选择"。

如果开拓全新的市场,应该给新的产品类型取一个朗朗上口、易于记忆的名字。像电子商务(e-commerce)、家庭影院(home theatre)、快餐(fast food)这些大家耳熟能详的词汇,都曾是新生事物。硅谷还有一个传统,用三个英文字母的缩写来命名新的产品类型,比如 PDA、CRM、ERP 等。这是因为三个英文字母连读,长短合适,容易记忆,便于传播。

此外，挑选发布口号还应该审时度势，与时俱进。我不认为存在永远有效的口号，口号有效与否取决于当时的社会文化背景。能借助社会文化背景加速传播的口号才是好口号。2000年之前针对千年虫问题提出的产品宣传口号，到2001年肯定毫无效果；同样是宣传安全的口号，在九一一恐怖袭击事件前后效果肯定大不相同；互联网泡沫经济破灭之前，一套简单的说词就能轻易要到风险投资，今天再这么说，肯定会被认为脑子有问题。下面列出的几个问题，可以检查宣传口号是否脱离了实际情况。

- 产品要解决客户的什么问题？
- 这个问题是否与其他问题密切关联？是否会产生累积效应？
- 市场有哪些变化？人们怎么看待这种变化？
- 当下与公司和产品有关的热门话题是什么？

E. 选择发布媒体

从某种意义上说，媒体也是信息发布者，它们属于收费的信息发布者。通过媒体（杂志、报纸、电视、广播、邮政服务）广而告之是最传统的产品发布方式。虽然收费媒体是主流的宣传方式，但是消费者通常不太信任付费广告，他们更愿意相信不收费的信息来源。不是所有的业务都适合做广告，比如，在电视上播放定制软件项目的广告就是宣传过度了。

如果一定要借助媒体发布产品，那么请不要图便宜或者图省事随意挑选媒体。可以根据天使客户的意见来选择发布媒体。天使客户习惯看哪些报纸、杂志、节目，就选择哪些报纸、杂志、节目来宣传。在客户探索和客户检验阶段，已经提醒大家注意收集这方面的信息。如果忘了收集，现在开始也来得及。以下这些问题可以帮助读者更好地挑选发布媒体。

- 天使客户经常接触哪些媒体？
- 这些媒体能否把信息传递给潜在的主流客户？
- 客户影响关系图上的其他人经常接触哪些媒体？

F. 检验发布效果

怎样检验产品发布的效果是让所有市场营销人员头痛的问题，这主要是由于没有明确的检验标准。要检验发布效果，首先要回答这样一个问题，检验的标准是什么？客户培养总是从一系列明确的目标（抢占市场份额、培育新市场等）开始，因而更容易制定检验标准。

首先客户发展团队要就发布目标达成一致意见。如果进军现有市场，检验标准很明确：预示市场份额提升的线索的数目。如果开拓全新市场或者进一步细分市场，如何检验效果呢？还记得之前征集定位意见的调查吗？请再打电话给接受过调查的人，重复同样的问题，比较发布产品前后有什么变化，这种变化清楚地表明了发布的效果。

第四步：阶段小结

客户培养的流程终于结束了，我们根据市场类型设定了首年客户培养目标和销售目标，广泛征集了定位意见，据此重新调整了产品定位和公司定位；根据市场类型选择发布策略，并且构思了宣传口号，确定了目标受众、信息发布者和发布媒体，最后发布了产品。

检验效果的时刻到了。客户接受你的产品定位吗？信息发布者愿意为你代言吗？一系列发布活动起到效果了吗？有客户主动来询问产品信息吗？是否达到了预期的目标？

如果效果不尽如人意，也不必太担心，正如我们看到的，客户发展模型的每一步都是通过试错来学习的过程。如果是产品定位和宣传口号不妥，那么说明你至少汲取了教训，可以再做调整。请返回第一阶段，重新执行客户培养流程。别忘了，节食啤酒（Diet-Beer）刚上市时生意惨淡，后来重新定位，改名淡口味啤酒（Lite-Beer）才立稳脚跟。

如果产品定位和宣传口号都没有问题，执行上也无可挑剔，那么要考虑是不是从一开始就选错了市场类型。如果被竞争对手压得喘不过气来，或者市场毫无反应，那么该问问自己："我们的市场类型是不是选错了？"如果产品销量不断攀升，竞争对手开始竞相模仿你的产品定位，那么恭喜你可以进入客户发展方法的最后一个阶段了。

组建公司流程

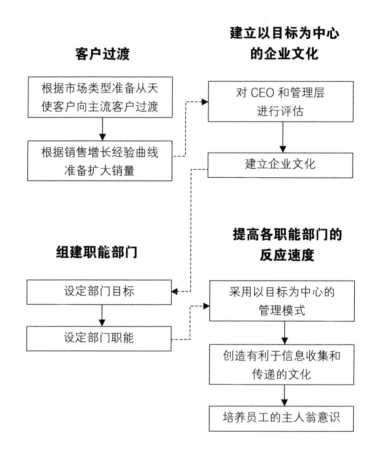

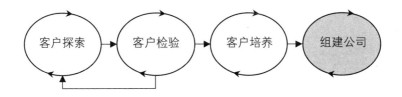

第 6 章

组建公司

Company Building

> 行动分为决策、准备和执行三个阶段。
>
> ——《海军陆战队作战原则》

马克是 BetaSheet 制药软件公司的创始人，在创办 BetaSheet 公司之前曾担任一家计算化学创业公司的副总裁。该公司后被基因泰克（Genentech）公司收购。加入基因泰克公司后，马克预见到传统的实验式药品研发方法会被计算机技术取代。他坚信计算机技术将是制药与生物技术发展的新方向，希望基因泰克公司为此创建一个实验室。可是基因泰克公司对他的提议不感兴趣，于是马克带着计算机技术主管戴夫（Dave）离开了公司，开始自行创业。

BetaSheet 公司成立后，马克担任 CEO（chief executive officer，首席执行官），戴夫担任研发主管。一位朋友把我介绍给马克，我成了董事会的一员。作为董事会成员，我有机会近距离观察 BetaSheet 公司成长过程中遇到的风险和挫折。当时生物技术行业正处于低谷，市场萧条，而公司内部的运作也不太顺利。

BetaSheet 公司成立 9 个月后，产品开发毫无进展。马克发现戴夫无法胜任管理整个研发部门的工作，他主动与董事会协商，然后成功说服戴夫让出位置，转而担任公司的 CTO（chief technology officer，首席技术官）。在找到合适的研发主管前，马克亲自接管研发工作。马克果然不负众望，一举攻克了所有技术难关，不仅推出了一款新产品，还提升了公司士气。

销售方面，虽然马克一再反对，但是董事会还是坚持要求聘用一位在大型企业工作多年的销售主管。马克认为这位销售主管不适合在创业公司工作。果然，11 个月过去后，销售团队的巨额开销几乎让公司弹尽粮绝。在董事会会议上，这位销售主管还在滔滔不绝地阐述营销计划，"接下来我们还安排了一系列的销售活动，但作为创业公司，还很难一下子打开局面接到订单。什么时候能接到第一个订单，我也说不准"。董事会的成员面面相觑。在马克的坚持下，销售主管被请出了公司。这下销售主管的工作也由马克接管了。

在接下来的 6 个月里，马克的表现让我们很吃惊。他不仅单枪匹马与三大制药公司谈定了合同，还带领销售团队建立了销售渠道。公司稳步向前，销售团队干劲十足，马克为新销售主管的上任铺平了道路。

马克似乎是个无所不能的超人，他几乎接管了公司的所有业务。但是随后发生的事，让我们不由得捏了把汗。不久后，首席科学家鲍勃也被马克辞退了。鲍勃抱怨说："马克每天都会想出新花样，照他那个变法，没有哪个项目能完成。你要是不按他的想法做，他就冲你发脾气。这个人刚愎自用。依我看，最后要么我们集体辞职，要么被集体扫地出门"。

尽管发生了这种不愉快的事，但是董事会仍然很信任马克。只有我发现马克变得越来越焦虑。我们一起吃午餐的时候，他不停地唠叨销售情况不佳，还说如果公司不采用他的新方案，迟早会被竞争对手淘汰。我问他销售情况是不是真的像他说的那样糟糕。他回答说："新任销售主管不让我过问销售的事情。她说不能销售尚未成型的产品"。这话让我很吃惊。

我记不清楚后来还聊了些什么，用完餐后，我马上给新任销售主管打电话。原来马克正试图说服销售团队向客户销售尚在研发中的产品。马克每次和客户谈合同，他总想推销下一代产品。事后发现马克之前和客户签订合同时都做出了暂时不可能兑现的承诺，只是当时并没有引起我们的注意。

销售主管告诉我，马克几乎把她逼疯了。马克每天都会拿一份清单来找她，上面写满了需要跟进的销售计划。马克还插手整理销售资料，不断修改相关的数据。销售资料一天一变，销售部门完全没法对销售人员进行培训。她还告诉我，自从起草产品战略和产品文档的工作被马克包办后，营销主管除了处理公关事务和参加贸易展销会，就无事可做了。我安慰她说，董事会会找马克聊的。

接下来的一周里，两位董事会成员找马克谈话。马克辩解说 BetaSheet 公司必须不断创新，不能故步自封。他抱怨员工太安于现状，所以他必须不断推陈出新，不然这个 CEO 就白当了。董事会一致认为马克作为 CEO 管得太细，但是还没有想到解决办法，于是决定静观其变，伺机而动。

我又找 CFO（chief financial officer，财务总监）雪莉了解情况。雪莉是公司的元老，她曾在多家科技创业公司任职，经验丰富。她的评价客观且切中要害。她认为马克的个人能力很强，精力充沛，敢想敢做，是一位出色的企业家。但公司要发展，稳定很重要，马克不可能也没有必要事必躬亲。随着公司规模的扩大，有些事超出了马克的控制范围。公司需要相应的规章制度来维持运转，而不是靠马克一个人硬撑。但是马克过于自负，从来不听她的建议。雪莉说："现在公司形势严峻，员工分成两拨。一拨人对马克唯命是从；另一拨人无法接受马克的做法迟早会跳槽。公司不能因为马克一个人影响大局，董事会必须做决定"。

我这才意识到马克的才能让我忽略了他的缺点，我打算再找他聊聊，帮助他正视自身的问题。我建议马克着手建立公司的管理制度和流程，把权力下放，让同事分担他的工作，但是马克坚持认为只有他一个人洞悉市场前景，其他人在拖后腿。聊了几次后，我决定转变战术，尽最后努力帮助马克转变观念。我提醒马克，产品创新应该是首席科学家的工作，推销产品则是销售主管的职责，随着公司规模的不断扩大，CEO 应该学着下放权力，不能凡事包揽。我提议聘请一位 COO（chief operating officer，首席运营官）帮助马克打理日常工作，或者由马克担任董事长兼管产品，这些方案都不会让马克失去控制权。比如微软公司的比尔·盖茨和甲骨文公司的拉里·埃里森，有很多同事在帮助处理他们不擅长的工作。马克答应考虑考虑，但是从他事后的表现来看，他把我的话当成了耳旁风。

没过多久我最担心的事终于发生了，公司员工集体到董事会面前请愿：如果马克不走，大家就集体辞职。事情发展到这步，CEO 必须换人了。董事会向马克摊牌，希望他担任董事长，让出 CEO 的职位。马克厉声指责道："怎么没有一个人事先通知我要聘用新的 CEO？"董事会解释这样做是为了公司好。

马克愤怒了："请职业经理人管理公司是为公司好？简直是天大的笑话。3 年来，我每周为公司工作 80 个小时，现在你们却要我离开公司！我做错了什么？难道公司发展得不好吗？表面上让我当董事长，其实就是想赶我走。外面有多少人羡慕我们的产品，你们难道不知道吗？除了我，没人能胜任这份工作！"

尽管马克极力反抗，但是董事会最终还是撤掉了马克的 CEO 职位。我敢说，这样的故事在刚起步的创业公司里每天都在上演。

马克亲手创建了公司，这么把他赶下台是否公平？董事会的做法会让公司受益吗？我们还可以继续追问，公司究竟需要什么样的 CEO？马克到底应该怎么做？如果对马克进行适当的引导，他会成为一位称职的 CEO 吗？没有了马克，BetaSheet 公司的未来将如何？读完本章之后，答案自然就清楚了。

组建公司的理念

客户发展方法的前三步解决如何寻找潜在客户，如何请客户检验各种假设，如何向天使客户推销产品，如何创造需求、开拓市场的问题。接下来介绍客户发展方法的最后一步：从学习、探索型的组织向编制完整、反应快速的企业的过渡。

我以前一直有这样的疑问：为什么有些创业公司招聘员工、建立职能部门的工作进展顺利，收到了应有的效果；而有些创业公司却适得其反，扩大规模不仅导致公司管理混乱、员工消极怠工，而且不断恶性循环？造成这种差别的决定性因素究竟是什么？

为什么有些创始人会陷入创业容易守业难的尴尬境地？为什么有些公司成功发现了天使客户，却利用不好这宝贵的资源？到底成功者比失败者强在哪里？能否总结出一套使创业公司发展壮大的经验？

以前人们认为创始人对于已经走上正轨的创业公司来说不是必需的，在适当的时候，创始人应该让位。但是越来越多的例子表明，要想保持健康的发展，创业公司的经营离不开创始人的参与。福特、微软、耐克、甲骨文、亚马逊和苹果等公司的发展历史都说明了这一点。即使完成了客户发展方法的前三个阶段，创业公司仍然离不开创始人大展宏图的激情和不断创新的能力。

像马克这样的企业家相信要让公司保持良好的发展态势，绝不能因循守旧，必须革故鼎新，而激励公司创新这件事最适合由创始人来做，没了创始人，公司就运转不下去。但是董事会相信公司已经走上正轨，只要引入职业经理人来管理公司，就能确保收益。我认为这两种极端的想法都是错误的。创始人不愿意接受正规化的公司管理制度，担心公司因此变得官僚化、死气沉沉；而董事会盯着眼前的利益，一心求稳，只想着尽快赚钱。如果双方都不妥协，结果就会两败俱伤。

在 BetaSheet 公司的案例里，公司已经完成了客户发展方法的前三步，正处在争取主流客户、扩大经营规模的关键过渡时期。但是创始人和董事会双方都不够理智，也缺乏经验（包括我在内）。事实上，要顺利完成这种过渡，创业公司需要从以下三个方面做好准备。

- 准备从天使客户向主流客户过渡。
- 树立企业文化和建立职能部门。
- 提高职能部门的反应速度。

准备从天使客户向主流客户过渡

创业公司和大型企业最明显的区别之一是客户数量的多少。创业公司成长为大型企业的过程从某种程度上说就是公司的客户群从天使客户扩大为主流客户的过程。创业公司要想提高销售业绩，仅仅依靠天使客户是远远不够的，还必须设法吸引主流客户群。这个过程不可能一蹴而就，必须根据公司面对的市场类型制定销售策略、营销策略和发展战略。

市场类型决定公司如何配置资源。不同市场类型的客户过渡（从天使客户向主流客户的过渡）难度各不相同。

图 6-1 中两条销售增长曲线展示了全新市场和现有市场的差别。形成这种差别的原因是两种市场的主流客户群接纳产品的速度不一样。

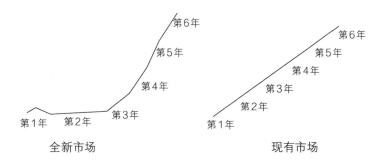

图 6-1 全新市场和现有市场的销售增长曲线

这意味着组建公司过程中的一切举措都取决于市场类型,这一点和客户发展方法前三个阶段的情况类似。有些创业者以为找到了天使客户、制定出销售路线图就万事大吉,剩下的事就是扩大招聘规模。殊不知,如果不理解市场类型对客户过渡的决定性影响,那么巨大的风险随时可能出现。

杰弗里·摩尔认为,产品的早期接纳者(比如我所说的天使客户)不是我们要面对的主流客户群,所以前期的销售路线图并不适用于主流客户,为了跨越鸿沟(见图 6-2),必须修改销售策略。

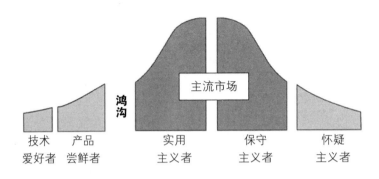

图 6-2　技术接纳生命周期曲线

客户发展方法前三个阶段对应曲线左侧跨越鸿沟之前的部分。鸿沟代表从天使客户向主流客户过渡时出现的障碍和阻力。鸿沟的宽度很大程度上由市场类型决定,这就解释了为什么不同的市场类型会有不同的销售增长曲线。既然大多数客户都存在于主流市场,为什么之前还要把精力放到积累天使客户上呢?事实上,除非拥有这种积累天使客户的经验,否则摩尔的跨越鸿沟的策略是无法实现的。

树立企业文化和建立职能部门

如同客户过渡一样,公司本身也要完成相应的过渡。最重要的过渡有两点,第一是树立以目标为中心的企业文化,第二是建立职能部门。

树立以目标为中心的企业文化

大多数创业公司不懂得什么是企业文化。有些人以为企业文化就是把办公室的冰箱塞满饮料,每周五下班后集体参加啤酒聚会;另一些人则一心想着建立严格的等级制度和管理制度,采用固定的工作流程,尽快扩大公司规模。后者相信严格的制度体系可以提高企业应对市场风险的能力,结果却常常导致公司体制陷入僵化,官僚作风盛行。事实上,保持灵活性与机动性是创业公司成功的法宝之一。

进入组建公司的阶段后,公司能否跨越鸿沟占领主流市场仍不确定,机械地模仿大企业的文化和组织结构很可能为失败埋下伏笔。马克离开 BetaSheet 公司后,董事会聘请了一位熟悉制药行业的职业经理人来管理公司。这位新 CEO 上任后,把她在大企业工作的经验照搬过来。她首先裁掉了大量的老员工,然后着手制定她认为规范的企业制度,建立严格的组织结构。实施这些强硬措施后,公司业绩确实在增长。BetaSheet 公司的产品得到了制药行业的认可,公司似乎在有条不紊地发展。董事会甚至把公司上市计划提上了日程。但管理团队并没有意识到,头顶已乌云密布。

此后,BetaSheet 公司的大客户逐渐认识到这款药物开发软件所起的作用,纷纷在公司内部成立团队开发类似的软件。铺天盖地的市场推广活动不仅打动了客户,也让竞争对手嗅到了商机。一时间,竞争对手大量涌现,纷纷开始研发类似的产品。

公司内部不再崇尚主动创新,所有决策都必须得到高管的批准，有创新想法的员工四处碰壁。3 年后，销售部门、市场部门、产品研发部门之间的矛盾逐渐升级，呈现剑拔弩张的态势。每个部门按照自己的计划行事，冲突不断。新产品计划每个月都要修改，迟迟不能推向市场。销售业绩从第 3 年开始下滑，第 4 年开始急剧下降。最终，BetaSheet 公司没能挺过第 5 年。

BetaSheet 公司的失败让人痛心，同样的故事还在不断上演。究其原因，是创业公司找不到更好的管理方式。它们要么选择让创始人发挥英雄主义，凭一人之力管理整个公司，要么选择引入职业经理人，建立等级森严的管理制度。但是这两种极端的做法都无法拯救企业失败的命运。

针对这种现象，我提出了另一种选择。为了完成向大型企业的过渡，创业公司在组建公司的过程中应该建立一种以目标为中心的企业文化，如图 6-3 所示。

图 6-3　从创业公司向大型企业的过渡

图 6-3 中第一个箭头对应客户发展方法的前三个阶段，包括客户探索、客户检验和客户培养，这时以客户发展团队为中

心。第二个箭头代表组建公司阶段，为了扩大公司规模并完成从天使客户向主流客户的过渡，要以目标为中心。最后一个箭头代表公司成长为大型企业的阶段，这时要以流程为中心，建立标准化的高效流程。

有经验的管理者往往看重流程的重要性，却忽略了以目标为中心的意义。为了跨越鸿沟，完成向大型企业的过渡，创业公司应该保持原有的敏捷性，确保公司在不断扩大规模的情况下，仍然保持高效性和灵活性。要建立这样的部门，必须设定一个明确的目标，时刻激励各部门员工为达到目标而努力。

如果创始人想继续管理公司，他们就必须调整心态和思维方式。马克没有认识到这一点，最终失去了员工和董事会的信任。

建立职能部门

前面建立的客户发展团队是典型的以目标为中心的组织。现在，要以它为基础，建立各种以目标为中心的职能部门。

我要提醒大家，建立职能部门不能流于形式。很多创业公司以为建立职能部门就是扩大办公室面积、招兵买马，生搬硬套地建立组织结构（不考虑公司的战略目标）。事实上，职能部门仍然要以服务客户为目标，而不是忙于划分部门、招聘员工。要建立这样的组织结构，关键是建立有效的中级管理层。中级管理层作为创始人与普通员工的缓冲层，在避免创始人被事务性工作包围的前提下，可以有效地向员工传达公司战略目标。

要做到这点，中层管理人员一方面要和创始人拥有共同的价值观；另一方面在执行具体任务上又要坚持自己的主见，不能对创始人言听计从。中级管理层负责向下级员工传达公司的文化和愿景，鼓励员工朝着同一目标前进。早前我在SuperMac公司担任CEO时就明白了这点。那时，我问各个职能部门主管的工作目标是什么，得到的答案令人失望。展会部门主管说："我的任务是布置展览的展位"。其他主管给出的答案也大同小异，公关部门说是写新闻稿，营销部门说是记录数据和整理价格清单。我问："为什么要做这些事情？"他们一脸茫然地答道："因为我们就是干这个的"。

出现工作目标不清晰的情况一定是管理者的失职造成的。于是，我开始引导员工发掘真正的工作目标。花了差不多一年时间，才让各个部门的员工明白职务和头衔并不完全代表日常工作的内容。比如，SuperMac公司营销部门后来设定的目标如下。

- 激发终端客户需求。
- 将需求引入销售渠道。
- 管理销售渠道。
- 帮助开发部门了解客户需求。

这四点为营销部门的同事设定了共同的目标，也让其他部门的员工了解了营销部门的工作实质。稍后，你将看到如何以客户发展团队为基础组建各种以目标为中心的职能部门。

仅仅建立以目标为中心的职能部门还不够，还要设法提高职能部门的反应速度。对一个刚刚起步、还处于探索学习阶段的公司来说，没有什么是固定不变的，外部情况随时可能出现变化，需要及时处理。唯一能确定的事是情况会不断变化。相反，成熟的大企业面对的变化相对较少，多数员工处理的主要是重复性的工作，只要建立严格有效的制度和流程，就能大幅提高工作效率——一切按部就班就行，最好别变动。

建立流程的关键是设定可量化的目标以及规范可重复的操作步骤。只要做到这两点，普通员工就可以按照要求完成给定任务，无须管理者插手。公司只要持续招聘普通资质的员工，就能不断扩大生产规模。

然而，大多数创业者不喜欢被流程束缚，因为创意和流程总是相互抵触。可他们也拿不出更好的办法来解决实际问题。这里我提出一种解决办法：提高职能部门的反应速度。

提高各个职能部门的反应速度是解决创业公司向大企业过渡中出现问题的一剂良方。它既能保持公司的敏捷性，又能避免公司陷入僵化。组建公司的第四步将详细分析如何组建快速反应的职能部门。

组建公司流程概述

如图 6-4 所示，组建公司的流程分为四步。

第一步调整公司策略，根据市场类型准备从天使客户向主流客户过渡。

第二步评估现行的管理模式并判断是否做好了扩充团队的准备。公司要把更多的精力放到建立以目标为中心的企业文化上，这是扩大公司规模的关键。

第三步按业务职能对客户发展团队进行拆分，以此为基础组建各职能部门。每个部门围绕企业目标设立部门目标。

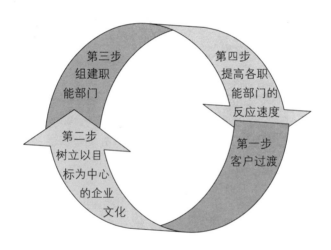

图 6-4　组建公司流程图

第四步是客户发展的尾声，公司应进一步提高各职能部门的快速反应能力。在扩大规模的同时保持敏捷性。可以考虑使用军事领域的 OODA 原则，以保证公司在应对市场变化时，比竞争对手做出更快的反应。这要求每个部门要及时获取最新的市场信息，并且迅速分享给其他部门。

第一步：客户过渡

客户发展是一个漫长的过程。公司已经有了天使客户，也对产品进行了合理定位，现在需要进一步为产品创造需求，才能获得更庞大的主流客户群，成为市场的主导者。

要跨越天使客户和主流客户之间的鸿沟必须考虑市场类型的影响，市场类型决定了鸿沟的宽度以及跨越它所需的时间。下面将分别针对全新市场、现有市场和细分市场介绍客户过渡的方法。第一步的任务有以下两项。

- 根据市场类型准备从天使客户向主流客户过渡。
- 根据销售增长经验曲线准备扩大销量。

A. 全新市场的客户过渡

在全新市场中，天使客户和主流客户的购买动机有着本质的区别。天使客户（产品尝鲜者）往往急于解决眼前棘手的问题，比如企业级客户急切希望拥有一项革命性的解决方案来提高竞争力。主流客户则不一样，他们是实用主义者，不会轻易尝试新型产品。所以针对天使客户的销售策略并不适用于主流客户。天使客户能够接受尚不完善的产品，而实用主义者无法接受哪怕一点点缺陷。鸿沟就是这样产生的。

在全新市场中，天使客户与主流客户之间的鸿沟是巨大的（见图6-5）。这解释了全新市场的销售增长曲线为什么会呈冰球棍状：头几年处小小的尖头显示了主要来自天使客户的销售业绩；接着是较长的平稳期（甚至有小幅下滑）；直到销售人员明白怎样向一个完全不同的客户群推销产品（让实用主义者相信产品值得购买），销售曲线才会再次增长。

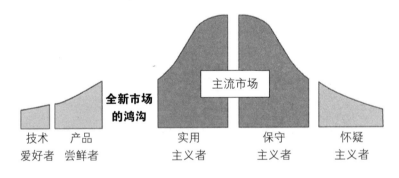

图6-5　全新市场中的鸿沟

跨越鸿沟存在三种风险。第一种风险，跨越鸿沟前针对天使客户的销售策略已经形成而且行之有效，销售团队很可能满足于现状，不愿再做调整，所以没有为迎接主流客户做好准备。

问题在于即使所有潜在的天使客户都购买了产品,也不足以维持公司日益扩大的经营规模。

第二种风险,主流客户认为产品性价比不高,不愿意接受产品。特别是经济环境不景气的时候,很少有客户愿意尝鲜,拥有创新理念的新公司往往难以吸引挑剔的主流客户。

第三种风险来自竞争对手。你耗费了大量的时间和资源培育市场,不曾想却给了竞争对手可乘之机。这些市场追随者后来居上,坐享其成。通常情况下,创业公司会败给那些具备快速反应能力、探索和学习速度远快于自己的竞争对手。

三种风险中最致命的是明知风险存在,却拒绝改变销售策略。虽然这些风险听上去很可怕,但并非无法避免。只要了解全新市场消费者的特点,就能大幅提高跨越鸿沟的成功几率。

要想赢得全新市场的主流客户群,公司必须设计出新的销售策略。与其简单地雇佣大量销售人员去争夺客户(现有市场中的常用策略),不如将为数不多的天使客户作为进军主流市场的"敲门砖";与其斥巨资投放广告(细分市场的常用策略),不如好好利用天使客户赢得主流市场。

目前流行的跨越鸿沟的策略有两种:第一种是杰弗里·摩尔提出的小众(niche)市场策略;第二种是马尔科姆·格拉德威尔提出的引爆点(tipping point)策略(见表6-1)。

表 6-1　跨越鸿沟的两种策略

策略	具 体 内 容
小众市场	以天使客户为基础，专注于特定市场、产品、行业或公司类型，然后转向主流客户群
引爆点	少量关键人物影响着消费者的决定和市场行为。病毒式营销（viral marketing）就是典型的引爆点策略

虽然这两种策略颇受关注，但创业公司采用后并不能绝对保证成功。我认为原因在于这两种策略并不适合所有的市场类型，它们只适合应用在全新市场中，只适用于从少量天使客户向大量主流客户的过渡。小众市场策略以天使客户为基础，专注于特定市场、产品、行业或公司类型，然后转向主流客户群。这些主流客户需要完整的产品（完整的解决方案）。引爆点策略通常被比作病毒似的传播。该策略相信少量关键人物影响着消费者的决定和市场行为。只要足够多的关键人物认可产品、推广产品，那么销售业绩将以几何级数增长。引爆点策略应用到公司或产品上时，就是人为地制造从众效应以吸引更多客户。

B. 全新市场的销售增长经验曲线

吸取多年的经验教训后，风险投资公司已经认识到创业公司要在全新市场中盈利需要很长的时间。这类创业公司的业绩增长曲线看上去像一根冰球棍。如图 6-6 所示，即使从天使客户那里获得少量的销售收入，头几年全新市场的销售业绩仍然接近于零。只有当公司赢得了主流客户后，销售业绩才会出现强劲的增长势头。

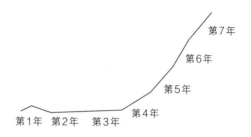

图 6-6　全新市场的销售增长经验曲线

除了预示头几年收入惨淡的命运，销售增长经验曲线还向创业公司提出了以下几个重要问题。

资金需求　在实现盈利前公司需要募集多少资金？

现金流/资金使用率　公司怎样管理现金流/使用资金？

市场培育计划　要使市场达到足够的规模需要做哪些工作，需要多长时间？

招聘计划　如果资金投入量对全新市场的需求影响甚微，营销部门还有存在的必要吗？如果销售业绩和销售人员的数量没有关系，公司还需要专门的销售部门吗？

提出这些问题旨在提醒大家，公司要节约资源并积极开拓市场，直到实现销售业绩的增长。向天使客户推销产品的经验能帮你预测头几年公司到底能发展多少客户。在此基础上合理管理开支，保证在销售业绩大幅增长之前公司有足够的现金维持经营。

全新市场还存在一种风险，即在跨越鸿沟时，没有足够的客户让公司挺过难关。很多公司直到出现资金短缺才意识到问题，此时再想补救办法，为时已晚。这里举几个产品夭折的例子：家用干洗机、低脂零食、灵通卡（带电脑芯片的信用卡）、20 世纪 90 年代的笔式计算机（pen computer）。因此，决定开创全新市场的创业者必须加倍谨慎，应与投资人和合伙人深入沟通，确保大家能同舟共济，共同承担风险。

C. 现有市场的客户过渡

现有市场中天使客户和主流客户之间的鸿沟很小，甚至可以忽略不计（见图 6-7）。产品尝鲜者和实用主义者之间区别不大，两者对产品的了解基本一致。

在这种情况下，限制销售业绩的主要因素是市场占有率和产品的差异化。没有鸿沟意味着市场已经成熟，创业公司要做的不再是谨慎地探索和学习，而是奋力抢夺果实。如何让产品从众多同类产品中脱颖而出成为解决问题的关键。

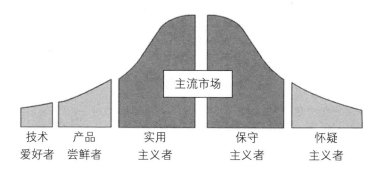

图 6-7 现有市场中的鸿沟

此时需要合理的产品定位和品牌推广,但是人们往往混淆了两者的含义。在现有市场中,竞争者之间的区别不大,要想使公司和产品脱颖而出,最有效的途径是有准确的产品定位(让客户知道产品好在哪里并且愿意购买)而不是去追求品牌效应(让客户知道品牌,增加公司曝光度)。如果客户不仅认同你的产品和服务,还能列举出它们的特色,那么产品定位就是成功的。例如,星巴克的定位是喝咖啡的最佳去处。

品牌推广更适合用在细分市场。它的主要作用是树立公司形象和传播公司理念。但是在现有市场中,花费大笔资金来树立品牌形象很可能导致潜在客户虽然知道公司,但仍然不愿购买产品。

D. 现有市场的销售增长经验曲线

在现有市场中,只要产品实现了差异化定位,那么创造终端需求,并且把需求引入销售渠道就不难了。如果一切进展顺利,那么销售业绩将成直线上升(见图6-8)。

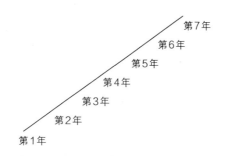

图 6-8　现有市场的销售增长经验曲线

在现有市场扩大经营规模需要考虑以下问题。

资金需求　需要多少资金?

招聘计划　公司招聘速度能否跟上市场发展的速度?

产品周期　是否能不断推出具有竞争力的新产品?

竞争对手　如果竞争对手开始反击,那么应该如何应对?

要在现有市场中立于不败之地,必须加强执行力来抢占市场份额,时刻警惕竞争对手,不断推出后续产品参与市场竞争。现有市场竞争激烈,稍有不慎,直线向上的增长势头随时可能逆转。

E. 细分市场的客户过渡

细分市场介于全新市场和现有市场之间。虽然天使客户和主流客户之间的鸿沟不像全新市场中那样宽（见图 6-9），但是要让主流客户相信公司和产品确实具有独特的优势还是需要时间的。所以，刚开始的几年销售业绩不会特别高。

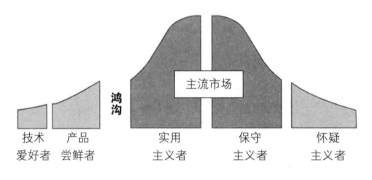

图 6-9　细分市场中的鸿沟

选择细分市场有两种主要的风险。第一种风险是公司被天使客户带来的销售业绩所迷惑。如果细分市场的天使客户数量较多，则有可能为公司带来可观的收入，使公司误以为已经建立了足够的市场规模。实际情况是公司仅仅从庞大的现有市场中分到了一小杯羹。跨越鸿沟仍然需要吸引大量的主流客户，让他们明白产品的与众不同之处。换句话说，这里面临的问题与进入全新市场时面临的问题是一样的。但是，公司不能像在全新市场中那样采用小众市场策略和引爆点策略来跨越鸿沟，而应该采用产品定位和品牌推广相结合的办法来赢得主流客户。比如，博世（Bosch）公司推出高端家电产品，进一步细分了家电市场。起初，消费者（至少是美国的消费者）不认可这些售价不菲的家用电器，认为它们只不过是普通的冰箱、洗衣机、烘干机而已。但是博世公司通过独特的产品定位，逐渐赢得了消费者的青睐。类似的例子很多，如星巴克把 49 美分一杯的普通咖啡换成 3 美元一杯的拿铁；戴尔公司把配置千篇一律的品牌计算机变成可 DIY 的产品；Perrier 公司把矿泉水卖得比汽油还贵。

这些成功的例子引出了细分市场的第二种风险。一般说来，进一步细分现有市场需要投入大量成本，需要足够的资金支持市场运作和产品定位。在很长时间内，新产品可能无人问津，而创业公司普遍低估了打动客户所需要的资金和时间。

在客户培养阶段，我曾经指出市场营销必须围绕产品定位展开。产品定位是打造品牌的前提。很多营销部门主管还没有确定合理的产品定位，就仓促开展大规模的品牌推广活动，这样做很难有好的结果。赢得细分市场的关键在于用新的产品定位突出产品价值，刺激客户需求，然后辅以品牌宣传，巩固市场地位，进一步扩大需求。

需要重申的是，产品定位和品牌推广相结合的策略只适用于细分市场。在全新市场中使用这两种策略代价过于高昂，甚至是致命的（它们葬送了大多数互联网公司）。

F. 细分市场的销售增长经验曲线

细分市场的销售增长经验曲线同时拥有新兴市场和成熟市场的特点。选择细分市场的有利之处在于现有市场的客户容易接受新产品，可以使公司在短期内取得一定的销售业绩。但是千万不要沾沾自喜，以为可以高枕无忧。只有大量主流客户理解并接受产品，销售业绩才会出现爆炸式增长（见图6-10）。在细分市场扩大经营规模需要考虑以下问题。

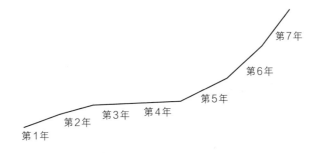

图 6-10　细分市场的销售增长经验曲线

- **资金需求**　实现正向现金流之前需要多少资金？
- **市场培育成本**　公司能否持续提供产品定位和品牌推广所需的开支？
- **招聘计划**　在赢得主流客户之前，能否尽量少招聘员工？

- **市场评估** 如果细分策略不成功怎么办？很多创业公司就这样倒闭了，如何避免重蹈覆辙？

选择细分市场和选择全新市场类似，都要设法开源节流，充分发挥天使客户的作用，直到获得主流客户的认可，实现销售业绩的增长。两者的风险也一样：新的产品定位不一定会被主流市场接受，如果是那样，那么无异于在现有市场中和众多的同类产品开展竞争。

第二步：树立以目标为中心的企业文化

组建公司是一个转型的过程，是从学习探索型的团队向编制完整的企业的转型，是从天使客户向主流客户群的过渡。这一过程对管理者的能力有更高的要求。转型过程中，对管理团队的评价至关重要，应该由董事会亲自监督。第二步主要有以下两项任务。

A. 对 CEO 和管理层进行评估。

B. 树立企业文化。

A. 对 CEO 和管理层进行评估

进入组建公司的阶段后，董事会应该对 CEO 和管理层进行评估，判断他们能否适应公司今后的发展。在客户发展方法的前三个阶段（客户探索、客户检验、客户培养），公司需要像马克这样的 CEO：充满激情，拥有宏伟的愿景，无论走到哪里都能保持探索和学习的热情，从容面对挫折，敢于承担责任。但是进入客户发展方法的第四个阶段后，公司将面临完全不同的挑战：跨越鸿沟，建立主流客户群，大幅提高销售业绩。新的挑战要求领导者具有更高的能力，要求 CEO 和管理层必须是头脑清醒的务实派，带领全体员工朝着共同的目标前进。

创业公司能走到客户发展方法的第四个阶段，说明 CEO 和管理层已经具备了"打江山"的能力，现在要评估他们能否适应公司的下一步发展。

表 6-2 列出了不同阶段公司需要 CEO 发挥的不同作用（不妨想想 BetaSheet 公司的董事会如何评估马克的工作）。创始人一般在业务上能独当一面，对公司的贡献最大、投入的精力也最多，因而容易受到同事的尊敬，成为公司的领导者。但是随着规模的扩大，公司不再需要喜欢单打独斗的"全明星球员"，而更需要以目标为中心的管理者，合理地将任务分配到各个部门。

如果创始人和管理团队固执地拒绝转型，那么董事会就会考虑更换 CEO 和管理团队。因为最困难的探索与学习阶段已经完成，公司逐步走上正轨，董事会不再需要难以驾驭的超级英雄。在选择进军现有市场的创业公司里，这种现象尤其常见，因为天使客户与主流客户之间不存在明显的鸿沟，聘请职业经理人管理公司更让董事会省心。创始人如果"不识时务"，仍然我行我素，那么很可能会被董事会视为眼中钉，随时面临被替换的危险。

表 6-2　各阶段 CEO 的作用

	学习和探索阶段	以目标为中心的管理阶段	以流程为中心的管理阶段
个人角色	个人英雄主义	企业领袖	全面的管理者
工作时间	全部个人时间	因需而定	相对固定的工作时间
制订计划的方式	以机会为中心、敢于尝试	以目标为中心	以流程和目标为中心
对待流程的态度	不予考虑	以目标为中心并适当考虑流程	严格制定并实施流程
管理模式	说一不二	下放部分权力	严格的等级制度
管理范围	事必躬亲	以目标为中心的协同合作	权力分散到各部门
关注重点	创新和愿景	切实可行的目标	执行力

创始人对公司的长远影响短期内是很难察觉的。有些创业公司（尤其是科技创业公司）的产品生命周期短得离谱，如果不能及时推出后续产品，那么很快就会被市场淘汰。无论公司面对的是哪种类型的市场，未来必然遇到新的挑战，比如技术进步带来的行业变化，新出现的竞争对手带来的威胁等。公司要保持良好的发展势头，必须定期恢复创业初期的创新精神和

应变能力。许多公司之所以会陷入困境，是因为丧失了创新和探索学习的劲头。职业经理人带来正规管理方式的同时，也摒弃了创始人富于创新的企业文化，公司最终将为此付出惨痛的代价。如果公司想持续发展下去，那么一定要设法鼓励创新精神。

我提出一种以目标为中心的企业文化，以及提高职能部门反应速度的方法，就是希望为投资人和企业家提供一种解决问题的新思路。对公司管理模式的选择不再是简单的二元对立，而是有了折中的选择，既能让创业团队留在公司，又能使公司保持向上的势头以跨越鸿沟。

B. 树立企业文化

缺乏明确的共同目标是 BetaSheet 公司最大的问题。马克历尽艰辛，凭一己之力带领公司完成了客户探索和客户检验工作，他无疑是最关心公司发展前景的人，但是马克犯了一个严重的错误：没能让自己的想法得到董事会、管理团队以及公司员工的认可。马克与他的管理团队常常意见相左，双方各行其是。马克招聘部门主管时过于看重应聘者的工作经验和资历，忽略了他们是否认同自己的价值观；董事会也没有及时提醒马克应该招聘什么样的人。在与公司员工交流想法时，马克缺乏对外宣传时的那份耐心和感染力。公司创始人、董事会、管理团队、员工之间没能形成一个共同的目标，最终导致 BetaSheet 公司倒闭。

什么是企业目标

那么如何避免犯马克的错误呢?首先要树立明确的企业目标。很多公司的企业目标是临时的,比如把最近的一项重要工作当成目标。这样的目标只是最基本的日常任务,而不是凝聚整个公司的企业目标。

CafePress 公司设立的企业目标很值得创业公司学习。这家公司为个人用户提供平台,让客户创办自己的网络店铺,出售T恤、咖啡杯、书刊、CD 等小物品。CafePress 公司的企业目标是,帮助客户开设出售各种小物品的网络店铺,通过优质的服务树立口碑。以下是该公司计划采取的具体行动。

- 建立网络平台并提供优质的服务(目标是实现每位店主月平均销售额达到 45 美元)。为客户提供营销工具,帮助他们推广商品。
- 合理收费(收取客户 40% 的销售利润)。计划年底完成 3 000 万美元的销售额(平均每个月至少要增加 25 000 位客户)。
- 倡导绿色环保理念(采用环保印刷材料、使用可循环使用的包装材料)。
- 关爱员工(提供全额医疗保险),员工的健康是公司发展的基础。
- 为员工提供公司股票的期权,让员工与公司共同成长。

这段声明传达的信息非常明确：员工为什么来 CafePress 公司工作，来了之后要做什么，怎样做才算成功。

设定企业目标

许多公司花费大量的时间和精力向外界宣传企业目标，在公司内部却对这个问题避而不谈。这样显然不对：首先，设定企业目标的目的主要是统一公司内部的思想，而不是对客户和投资人进行宣传；其次，企业目标不是冠冕堂皇的套话，它必须指导每一位员工自主开展日常工作。换句话说，企业目标要确定大家共同奋斗的方向。

确定企业目标是一个明确的信号，表明公司准备转型为以目标为中心的企业。CEO 应该利用这个机会了解董事会和中层管理人员的想法，收集各种建议，设法统一大家的意见，以取得各个职能部门的支持。有了明确的企业目标，应聘者也更容易判断这份工作是否适合自己，这将大大提高公司招聘到志同道合者的可能性。新员工也更容易融入这个集体。

判断企业目标是否明确有三条简单的标准：是否清楚说明了我们的工作目标，为了达到目标我们要做哪些事，做到什么程度才算成功。表 6-3 展示了 CafePress 公司制定企业目标的思路。

另外要提醒大家，面对不同的市场类型，企业目标也有区别。在现有市场中，企业目标应该强调抢占市场份额，争取高

表 6-3　企业目标模板

目标要点	具体内容
我们的工作目标	将 CafePress 公司打造成世界上最大的个性化产品零售平台
怎样实现目标	• 建立网络平台并提供优质的产品和服务 • 为卖家提供营销工具，帮助他们赢得客户 • 倡导绿色环保理念（采用环保印刷材料、使用可循环使用的包装材料）
做到什么程度才算成功	• 让大众认为 CafePress 公司是交易个性商品的首选平台，客户能以合理的价格获得优质的服务 • 回头客非常多（平均每 3 周一次） • 为员工提供股票期权和全额医疗保险
收入和利润目标	• 每家店铺月平均销售额达到 45 美元 • 每个月新增 25 000 个客户 • 年底收入达到 3 000 万美元 • 保持 40% 的利润率

速发展，同时未雨绸缪，积极准备应对新的竞争和挑战。在全新市场中，企业目标应该强调开拓市场，开源节流。在细分市场中，企业目标应该强调产品定位和品牌推广。

贯彻执行

确定企业目标后，还要向全公司进行推广。管理团队要设法帮助每一位员工理解企业目标的内涵。在组建公司的第四步，所有职能部门还要以企业目标为基础设定各自的部门目标。虽然各部门的职能不同，但是部门目标和企业目标一致，仍然要回答三个问题：我们为什么工作，要做哪些事情，做到什么程度才算成功。

第三步：组建职能部门

在客户发展方法的前三个阶段，客户发展团队已经完成了自己的使命。现在公司要跨越鸿沟，小规模的客户发展团队无法胜任这项工作，所以是时候组建正式的职能部门了。公司将根据选择的市场类型组建正式的销售部门、营销部门、业务发展部门。第三步有以下两项任务。

A. 设定部门目标。

B. 设定部门职能。

A. 设定部门目标

组建销售部门、营销部门、业务发展部门之前，必须明确各部门的分工。这听起来很滑稽，我们知道各个部门是做什么的：销售部门是雇人推销产品的；营销部门是写数据报表、发布广告的。这种认识太过肤浅，以面对现有市场为例，营销部门的目标应该用类似下面这样的文字来描述。

营销部门的任务是创造终端客户需求并将需求引入销售渠道。对外，负责对客户进行宣传，与渠道合作商进行沟通，让他们理解产品的优势；对内，帮助开发人员了解客户的需求。

为了达到目标，要负责准备宣传资料，利用广告、公关、展销会、网络等一切可能的途径刺激需求，同时收集客户反馈信息，统计数据，分析竞争格局，撰写市场需求文档。我们的目标是第一年争取到 4 万位有效客户；在目标客户群中，公司和产品的认知度要达到 65%；每个季度至少在媒体上发布 5 次产品评论。第一年占据 35%的市场份额，成本控制在 75 万美元以内。

表 6-4 是营销部门的目标模板，说明了部门目标是如何与企业目标相结合的。

表 6-4 营销部门的目标模板

目标要点	具体内容
工作目标	• 创造终端客户需求，并将需求引入销售渠道 • 向客户和渠道合作商宣传产品特色 • 帮助开发部门了解客户需求
怎样实现目标	• 准备各种宣传资料 • 利用广告、公关、展销会、网站等一切可能的途径刺激需求 • 收集客户反馈信息，统计数据，分析竞争格局，撰写市场需求文档
做到什么程度才算成功	• 第一年争取 40 000 位有效客户 • 品牌识别度达到 65% • 每季度发布 5 次产品评论
收入和利润目标	• 第一年占据 35%的市场份额 • 开支不超过 75 万美元

表 6-4 清楚地阐明了我们的工作目标，为了达到目标我们要做哪些事情，以及做到什么程度才算成功。有了表 6-4，相信员工不会再对部门目标产生任何疑问。

B. 设定部门职能

不同的市场类型对部门目标和部门职能有不同的要求，组建职能部门必须考虑市场类型的影响，不能为了组建职能部门而组建。接下来详细介绍如何根据不同的市场类型设定部门职能。

现有市场中的部门职能

此前，销售部门是客户发展团队的一部分，任务是制定合适的营销策略，寻找天使客户。在拥有了相当数量的天使客户后，销售部门的任务是争取主流客户，增加公司的销售收入。这是因为在现有市场中，天使客户和主流客户有很大的相似性，销售团队只要继续执行原来的销售策略即可，不必大幅修改销售路线图。

营销部门此前也是客户发展团队的一部分，而且是客户发展的主导力量，负责率领客户发展团队进行探索和学习——寻找潜在客户，请潜在客户检验产品功能、定位和价格。进入组建公司阶段后，为了支持销售部门的工作，营销部门的角色发生了转变。营销部门现在的任务主要是创造客户需求，组织销售培训，分析客户案例，为渠道合作商提供支持，也就是从原来强调制定策略的部门变成了强调执行任务的部门。原来的营销工作有足够的自由空间，现在却要被束缚进条条框框里，有些营销人员会产生不适应感。但是，如果公司想继续扩大销售规模，营销部门就必须接受这种变化。

许多人不理解业务发展部门发挥的作用，误把业务发展当成销售的代名词。请大家记住，业务发展不等于销售。业务发展部门的职能是设法与合作伙伴建立战略合作关系，为客户提供完整的产品，帮助公司争取更多的主流客户。完整产品是指客户购买后马上可以投入使用，无须客户自己付出额外时间和成本的产品。主流客户通常只愿意购买这种风险较低的、提供完善售后服务的产品。

在现有市场中，产品的完整度是由竞争对手定义的。例如，在商用计算机市场中，IBM 公司是典型的完整产品供应商。它不但销售硬件，也出售相关软件，还提供系统集成服务和成套的解决方案。刚起步的创业公司不可能对 IBM 公司构成威胁。虽然天使客户热衷于 DIY，但是主流客户绝不会购买半成品，因此业务发展部门的作用显得尤其重要。表 6-5 列出了现有市场中各个部门的职能。

表 6-5　现有市场中的部门职能

	职　　能	途　　径
销售部门	扩大市场份额	严格按照销售路线图工作
营销部门	创造需求并将其引入销售渠道	公关、广告、产品展销会等
业务发展部门	为客户提供完整的产品	寻找合作伙伴,为客户提供方便、有效的解决方案

全新市场中的部门职能

在全新市场中,销售部门任务更艰巨。由于主流客户和天使客户的特点完全不同,此前的销售经验不再适用。因此,在找到新的销售策略之前,即使大量招聘销售人员,销售收入也很难大幅增加。

如果销售部门误以为天使客户代表主流市场,那么公司将面临前所未有的灾难。仅仅依靠天使客户,创业公司不可能扩大规模。虽然天使客户不能被忽视(他们毕竟能带来部分收益),但公司要想继续发展,必须赢得主流市场。正如前面提到的,应该把天使客户当成攻占主流市场的跳板。

在全新市场中,营销部门的目标不再是花钱创造需求,也不是通过推广品牌来扩大客户群,而是寻找潜在的主流客户,分析他们与天使客户的差异,制定跨越鸿沟的销售策略。用在现有市场的那一套方法在这里不奏效,除非找到合适的方法来影响主流消费者,否则销售业绩不可能大幅增长。因此营销部门的职能与客户发展方法前三个阶段基本相同,仍然强调探索和学习的重要性,而不是靠广告和公关活动创造需求。

业务发展部门的职能是协助销售部门和营销部门吸引更多的主流客户,包括寻找合作伙伴,整合产品或服务,提供受主流客户青睐的完整产品。表 6-6 列出了全新市场中各个部门的职能。

表 6-6 全新市场中的部门职能

	职　　能	途　　径
销售部门	扩大市场份额	持续寻找天使客户
营销部门	制定针对主流客户的销售路线图	利用小众市场策略或引爆点策略 避免过度使用广告和公关
业务发展部门	为客户提供完整的产品	寻找合作伙伴,为客户提供方便、有效的解决方案

细分市场中的部门职能

细分市场同时具有全新市场和现有市场的特点,这往往让各个部门不知所措。一方面要面对现有市场的激烈竞争,另一方面又要在无人尝试的领域开拓新的细分市场。销售部门要想象自己面对的是现有市场,而营销部门要想象自己面对的是全新市场，感到困惑也很正常。这种情况要求各部门之间更加频繁地沟通与协调。

细分市场的销售部门有两条工作主线：在竞争激烈的现有市场中销售产品，像面对全新市场一样寻找新客户。跨越细分市场的鸿沟比跨越全新市场的鸿沟容易，只需采用产品定位和品牌推广在现有市场的客户中划分出一个新的群体。销售部门的主管必须明白，真正的目标是把现有市场的客户引入新的细分市场，让产品处于领先地位。

营销部门的首要目标是找出进一步细分市场的方法，同时通过产品定位和品牌推广创造需求。业务发展部门的职能仍然是寻找合作伙伴，为客户提供完整的产品，突显竞争优势。表6-7列出了细分市场中的部门职能。

表6-7 细分市场中的部门职能

	职　能	途　径
销售部门	开拓细分市场	销售力量向细分市场转移，逐步增加销售力度
营销部门	从现有市场中划分出细分市场	利用产品定位和品牌推广创造需求，实现差异化
业务发展部门	为客户提供完整的产品	寻找合作伙伴，为客户提供方便、有效的解决方案

第四步：提高各职能部门的反应速度

美军陆战队有一条作战理论：先人一步制定决策并加以实施才能取得决定性的优势。因此制定决策就成了与时间的比拼，及时决策成为制胜的法宝。

商场如战场，反应迟缓是致命的。为了赢得主流客户，必须对竞争格局和市场的变化做出快速反应。目前，各职能部门已经明确了自己的目标，接下来需要提高它们的反应速度。在保持强调探索和学习文化氛围的同时，还要把握两条原则：分权决策原则和OODA（观察、判断、决策、执行）原则。

在客户发展方法的前三个阶段，客户发展团队实行的是扁平化的组织管理模式，决策流程相对比较简单。遇到问题由公司创始人及时做出决策。建立职能部门以后，权力必须下放到每个部门，由各部门根据客户、市场的变化情况独立地、快速地做出反应。

建立结构化的部门组织后，消息传递的中间环节增加了，如果凡事还由创始人拿主意，就容易错失良机。一线的员工往往比坐在办公室里的管理者更了解实际情况，更有把握做出正确的决策。为了提高决策效率，应该建立以目标为中心的企业文化，并且执行垂直式管理模式，将权力充分下放到基层。

提高职能部门反应速度的第二条原则是OODA原则。

OODA 是观察（observe）、判断（orient）、决策（decide）、执行（act）的缩写。贯彻执行 OODA 原则，可以保持公司运作的高效性和敏捷性。高效意味着决策、沟通、协调、制订计划的过程都要尽量缩短时间。面对现有市场，公司要与竞争对手和市场比速度；面对全新市场，公司要与现金流和利润比速度。任何细微的领先都可能带来显著的优势。

采用 OODA 原则应该考虑以下问题。

观察

- 各部门能否做好信息的收集和传递工作？
- 坏消息是否会被员工隐瞒？
- 传递消息的人是否受到应有的嘉奖？

判断

- 各部门是否形成了重视市场、客户和竞争者的文化？
- 能否客观地评估竞争者的产品和自己的产品？
- 是否能正确理解企业目标和部门目标？

决策

- 各部门管理者能否独立制定决策？
- 决策的制定是否以企业目标和部门目标为依据？

执 行

- 是否有高效的流程保证决策立即被执行？
- 是否有办法使各部门的行动协调一致？
- 事后能否及时回顾、总结经验教训？

实施分权决策原则和 OODA 原则要做好以下三件事。

A. 采用以目标为中心的管理模式。

B. 创造有利于信息收集和传递的文化。

C. 培养员工的主人翁意识。

A. 采用以目标为中心的管理模式

1982 年，斯坦福大学的研究生安迪·贝希托尔斯海姆（Andy Bechtolsheim）设计了一款新型计算机——它使用当时的商用微处理器，并采用先由 AT&T 公司设计、后经伯克利大学改进的操作系统。这款计算机可以通过以太网与其他计算机相连，并采用了现在熟知的 TCP/IP 协议。安迪的设计简单而独特，虽然性能比不上小型机，但是制造成本很低，普通的个人用户能买得起。

安迪公开了他的设计，任何感兴趣的人都可以使用他的设计专利。先后有 9 家公司利用他的专利开发产品，其中也包括安迪和他的同学维诺德·科斯拉（Vinod Khosla）注册的一家公司。安迪的公司以惊人的速度发布了他们的产品，共签订了价值 4 000 万美元的 OEM 合同。6 年后，公司的销售额达到 10 亿美元，而另外 8 家公司都从市场上消失了。安迪和维诺德的公司就是名噪一时的 SUN 公司。

为什么 SUN 公司能够战胜同时期的竞争对手？有些人会说，创始人就是设计师，当然有先天的优势。但我不这样认为，虽然安迪的设计师身份使 SUN 公司受益，但是其他公司也不乏具备创新能力和竞争力的员工。我相信 SUN 公司的成功是因为它坚持了自己的目标，并且建立了比竞争对手更高效的管理方式。

以目标为中心是提高部门反应速度的前提。与相对固定的、以流程驱动的管理模式相比，以目标为中心可以更好地帮助公司解决突发问题，也更有利于公司抓住转瞬即逝的市场机遇。以目标为中心的管理策略也有助于分权决策。我认为下放决策权，让各个部门根据部门目标自主选择解决问题的方式，将大大提高公司运营的灵活性和效率。

建立以目标为中心的管理模式需要管理者和员工同时转变观念。除了设立部门目标，这种管理模式还包括以下五个要素。

- 目标意图。
- 员工主动性。
- 沟通与相互信任。
- 快速决策。
- 协调合作。

目标意图

前面提到目标声明指出了员工为什么来公司工作、需要做些什么、怎样做才算成功,但这些内容只说明了需要完成的任务。实际上,所有目标都应包括两个要素:一个是要完成的任务;另一个是目标意图,即为什么要完成这些任务。目标声明指出要做什么(比如,要取得 1 000 万美元的销售和 45% 的毛利润)。目标意图描述为什么要达到这样的目标:为了维持正向现金流,必须有 1 000 万美元的销售收入;只有实现 45% 的毛利润,才能保证盈利。维持正向现金流和实现盈利对我们来说都是至关重要的,任何一个都不允许有失误。相比之下,意图比任务更重要,因为情况在不断发生变化,如果任务变得不切实际(比如销售团队无法完成 1 000 万美元的销售任务),则理解目标意图能保证公司不偏离正轨(现在看来,1 000 万美元的销售目标很难达到了,那么还有没有其他的办法维持正向现金流和实现盈利呢?需要削减多少开支才能维持正向现金流?这样做会对盈利产生什么影响?)。推广以目标为中心的管理模式,必须保证员工正确理解企业目标意图和部门目标意图。宣传目标意图是管理公司的重要方法,也是每一位管理者的重要职责。

只要保证员工充分理解目标意图,实现目标的方式就可以由员工自主决定。例如,销售部门提出 1 000 万美元的销售目标。那么大家应决定至少签订 200 个订单,平均每个订单的金额不低于 5 万美元，并且要将销售成本控制在 270 万美元以内。这个例子说明只要员工理解了目标意图，自然就会选择合适的方式实现目标。

目标意图还有一项更重要的功能。如果销售部门主管预计目标无法完成，则可以根据目标意图及时调整计划（比如前面提到的，如果不能完成 1 000 万美元的销售任务，就必须削减预算和开支）。当然，这需要充分的信任和良好的沟通，否则会遭到员工的反对——我们已经尽力了，凭什么要削减预算？

如果目标意图深入人心，那么 CEO 和部门主管只需制定宏观目标，而不用再做任何具体指示。员工能根据自己的判断和设想来独立实现目标。高层主管应该尽量高瞻远瞩，只有当遇到严重危机时，才需要干涉下属手头的工作。

以目标为中心的管理模式能最大限度地发挥员工的主观能动性，并实现团队的高效合作。前提是大家对目标意图的理解一致，如果管理者与员工想法不一致，以目标为中心的管理方式反而会成为公司发展的障碍。所以，CEO 必须清楚自己的职责，了解自己的员工，懂得如何与下属进行沟通。

员工主动性

BetaSheet 公司倒闭的原因之一是采用了严格的等级管理模式。马克离开公司以后，所有的员工建议都要经过高层主管的审核，得到批准后才能实施，因此优秀的经理和员工先后离开了公司。新的管理层认为只要公司达到了一定的规模，就必须依靠严格的等级制度和程序来进行管理。不幸的是，市场上很快充满了竞争对手，而公司的立足之本——具有创新能力的员工却纷纷离去。

创业公司要成功，就必须不断发现并抓住转瞬即逝的机遇。这就需要所有的员工都具有主动性，都具有主动思考的习惯和相对独立的权力。简单地、机械地完成领导交代的工作是以流程为中心的管理模式所提倡的，它与以目标为中心的管理模式是背道而驰的。

当然，下放决策权给员工不等于放任自流，员工需要承担相应的责任——始终将目标意图铭记在心，保证行动与企业任务、部门目标一致。下放决策权也不意味着CEO和高管不再对结果负责。他们要保证员工在企业目标和部门目标的指导下自由地发挥主观能动性，定期检查员工的工作进展，在适当的时候给予协助。管理者指出方向，但不指定具体的实施步骤。

沟通与相互信任

以目标为中心的管理模式要求管理者和员工充分沟通、相互信任。管理者要充分信任员工，要相信他们能出色地完成任务。各部门要依照目标意图协同工作，好消息要随时共享，坏消息更要及时反馈。员工要相信管理者始终会为他们提供全力支持。创业公司必须要保持良好的氛围，如果失败或向人求助被瞧不起，信息被当成私有资源隐藏起来，就谈不上沟通和相互信任。公司要生存，必须及时辞退破坏这种氛围的管理者和员工。

信任是双向的，你要得到别人的信任，就必须信任别人。员工要想得到管理者的信任，就必须严格要求自己努力实现目标。管理者要想得到员工的信任，就必须给予员工全力的支持。相互信任可以提高士气，也可以增加员工对公司的认同感。员工会满怀自豪地穿上印有公司 LOGO 的 T 恤，对公司的前景充满信心。

快速决策

巴顿将军曾说过：今天能彻底执行的计划远胜过明天的完美计划。这句话对创业公司同样适用。小公司的多数决策都是针对变化的环境临时制定的。由于变数大，不可能存在面面俱到的解决方案，因此不必追求完美。但这并不意味着要拿公司的前途当赌注。正确的做法是制定规避风险的合理计划，并迅速采取行动。快速决策、快速执行的公司总能在竞争中占据先机。

快速决策离不开高效的会议。要提高决策速度，显然不能把所有的部门主管都叫来开会。任何一件事都存在风险，都可以找到不做的理由，让不相关的与会者喋喋不休地参与讨论只会降低决策效率。

协调合作

如果各部门之间无法做到协调合作，即使前面几项都做到了，那么以目标为中心的管理模式也会失效。在客户发展方法的前三个阶段，我一直强调客户发展团队与产品开发团队协调合作的重要性。这两个团队要经常互相交流最新的市场情况和产品信息，以保证客户发展流程的顺利执行。

建立正式职能部门后，这种协调合作的传统应该保留。所有部门应根据企业目标和目标意图协调合作，定期召开沟通协调会议，这样可以确保三件事：第一，所有部门正确理解企业目标；第二，各部门目标相互支持；第三，让 CEO 了解各部门实现目标的方式。

以目标为中心的沟通方式与以流程为中心的沟通方式有着明显的区别。在以流程为中心的管理模式里，指令和目标是从上往下单向传递的，反馈信息是从下往上单向传递的。在以目标为中心的管理模式里，沟通方式是横跨部门的、平等的，它能让整个公司对情况的变化做出快速反应。

B. 创造有利于信息收集和传递的文化

高效地收集信息和畅通地传递信息是提高职能部门反应速度的必要条件。在客户发展方法的前三个阶段，创业公司主要依靠客户发展团队的成员收集和传递信息——离开办公室去接触客户，了解竞争对手和市场信息。公司规模扩大后，除了保留这种获取第一手信息的方式外，管理者还要具备全局观，并且学会站在客户和竞争对手的角度看问题。

离开办公室，到客户中去是获取第一手信息的最佳方式。即使公司规模扩大了，这种传统仍然应该保留。管理者应该身先士卒，定期亲自倾听客户的声音，了解竞争对手的动向，询问销售人员的工作状况，这样才能做到知己知彼、百战不殆。

不仅是销售部门的管理者，其他部门的管理者也应该定期与客户、销售人员沟通，提出自己的看法，在公司里进行分享和讨论。此外，我还要求与客户打交道的员工在周例会上向公司其他成员汇报客户的反馈信息，重点汇报坏消息。普通人总是报喜不报忧，但我更喜欢坏消息，因为它能激励你不断进步。

除了第一手信息外，在了解市场状况和竞争环境时，管理者还应该具备全局观。定期阅读销售数据、市场调研报告、竞争格局分析报告，可以开拓管理者的视野，避免犯管中窥豹、一叶障目的错误。

管理者还要学会换位思考。站在客户的角度看问题可以更全面地了解需求。不妨问问自己：客户凭什么选择我们的产品，产品到底哪里吸引他们？站在竞争对手的角度看问题，可以更好地规避风险。这就好比下象棋，你要仔细考虑对方下一步有哪些可能的走法。

在上述三点中，第一手信息关注的是细节，但是公司规模扩大后，过分关注细节容易因小失大。全局观则要求管理者抓大放小，但如果仅仅着眼于全局，一些关键的细节也许会被漏掉，制定的决策有可能不切实际。换位思考提醒管理者自我反省、自我检查。只有平衡兼顾这三点，管理者才可能做出正确的判断。

C. 培养员工的主人翁意识

西南航空（Southwest Airlines）公司成立于 1973 年，刚创建时只是一家提供短程航班服务的小公司。30 年后，它成为美国最赚钱的航空公司。西南航空公司的成功靠的不是硬件设施，也不是航线优势，而是靠敏捷的企业文化和全体员工的主人翁意识。西南航空公司的地勤人员可以在 25 分钟内完成飞行前的准备工作（其他的航空公司需要数小时）；公司会听取每一位员工的合理建议，大幅降低公司的运营成本，每位乘客的运送成本至少比竞争对手的低 24%。这样的文化氛围又进一步提高了员工的忠诚度。

西南航空公司的企业文化提倡充分调动员工的积极性，支持员工在合理的范围内享受最大的自由空间。久而久之，员工形成了一种独立、自律、积极主动的工作氛围。他们不只是被动地接受工作，而是主动地承担责任。员工的主观能动性和创新意识被充分调动起来。

那么怎样培养员工的主人翁意识呢？有一点可以肯定——单纯地强调责任，一味地要求员工积极主动只会适得其反。管理者的工作风格直接影响员工的工作态度。比如，事无巨细的管理方式必然会降低决策效率并且扼杀员工的主动性；四平八稳的管理方式必然会形成谨小慎微的企业文化，让员工变得缩手缩脚。要调动员工的主动性，在下达工作任务时，应该尽量简明扼要地指出大致方向，具体实施细节由员工自由决定。管理者从旁观察工作进展情况，不到万不得已，不要干预员工的工作。

公司规模扩大后，CEO 不可能有精力亲自打理公司的每一项事务，如果这时不学着信任同事，把部分工作交给他们处理，CEO 就会成为公司发展的瓶颈。马克之所以被董事会赶下台，就是因为这个原因。

下放权力并不意味着管理者可以撒手不管，一身轻松。管理者应该把更多的精力放在协助员工完成工作目标上。工作任务分配下去后，管理者要定期检查工作进度，如果进展顺利，则可以逐渐减少检查次数。如果发现问题，则管理者应该及时与员工商量做出调整，直到引导员工顺利完成任务。

结语

组建公司的过程不可能一帆风顺，有可能会遇到挫折。但只要你恪守客户发展方法的理念，相信结果不会坏到哪里去。

记住,尽量少招聘员工,节省开支,船小好掉头。

如果一切顺利,以目标为中心的管理模式已经建立,客户发展团队也转型为以目标为中心的、反应迅速的职能部门,公司上下蓄势待发,就可以准备跨越鸿沟。你的公司应该已经具备了图 6-11 所示的管理要素。

图 6-11 管理要素金字塔

第二次世界大战中,英军在北非的阿拉曼取得对德军的首次胜利后,丘吉尔说过一句话,我经常拿来勉励年轻的创业者。让我们用这句话作为本书的结尾吧。"这不是结局,战争还远没有结束,现在只能算是刚刚开始。"

附录 A
客户探索备忘录
Customer Discovery Checklist

附录 A 记录了客户发展方法第一阶段（客户探索）的关键步骤和要点。备忘录的编号采用"阿拉伯数字-英文字母"的形式，阿拉伯数字 0、1、2、3、4 分别代表客户探索的第零步、第一步、第二步、第三步、第四步，英文字母代表相应的要点。例如"备忘录 1-A"表示客户探索第一步的 A 要点。读者可以把这个备忘录当成模板，根据自己的实际情况（比如不同的市场类型）制作更适合自己公司的备忘录。

备忘录 0-A　争取董事会和团队的支持

目标：获得公司创始人、投资人的支持，包括对客户发展模型本身的支持，以及对公司使命和核心价值的支持。让大家理解客户发展与产品开发的区别。

记录者：CEO

参与者：创业团队和董事会

时间：0.5~1 天

完成条件：创业团队和董事会同意采用客户发展模型，并且理解市场类型的决定性作用；确定客户探索和客户检验的完成条件。

- **产品开发模型强调执行任务，而客户发展模型强调在失败中探索和学习**。
  (1) 争取多数创业团队和董事会成员对客户发展模型的支持。
  (2) 争取足够的资金支持两三轮客户探索和客户检验。

- **讨论市场类型**。
  (1) 解释现有市场、全新市场和细分市场的区别。
  (2) 帮助团队和董事会理解不同类型市场对创业的决定性影响。

- **客户发展的时间和完成条件**。
  (1) 讨论决定客户探索所需的时间和客户检验所需的时间。
  (2) 讨论决定客户探索的完成条件和客户检验的完成条件。

备忘录 0-B　团队

目标：组建客户发展团队；理解客户发展的方法和目标。

记录者：CEO

参与者：创业团队和董事会

时间：0.5~1 天

完成条件：组建客户发展团队，各就其位。

❑ **回顾客户发展与产品开发在职位设置上的区别。**

(1) 暂时不设营销主管。

(2) 暂时不设销售主管。

(3) 暂时不设业务拓展主管。

❑ **确定团队分工。**

(1) 客户发展团队负责人。

(2) 客户发展团队。

(3) 产品开发团队负责人。

(4) 产品开发团队。

❑ **回顾客户发展模型每一步的目标。**

❑ **列举创业团队的核心价值观（注意不要写成任务声明）。**

备忘录 1-A 产品假设

目标： 提出有关产品功能、发布计划等的假设。

记录者： 客户发展团队负责人/产品开发团队负责人

参与者： 客户发展团队和产品开发团队

时间： 2~4 天

完成条件： 就产品基本功能、发布计划等达成一致意见。

- ❏ **产品有哪些功能和技术特征？**

(1) 产品的用途是什么？

(2) 画出简单的架构图。

(3) 列出功能清单。

- ❏ **这些功能是否易于理解和接受？**

- ❏ **产品的优势是什么？对客户而言，这种优势是否不言而喻？**

- ❏ **列出产品发布计划，前三次发布各包含哪些功能？**

(1) 第一次发布包含哪些功能？

(2) 第二次发布包含哪些功能？

(3) 第三次发布包含哪些功能？

- ❏ **讨论产品的知识产权问题。**

(1) 是否可以申请专利？

(2) 是否涉及商业秘密？

(3) 要使用他人的专利需要获得哪些授权？

❑ **产品有哪些依赖因素？**

❑ **客户使用产品的总成本是多少？**

(1) 培训费用是多少？

(2) 安装部署费用是多少？

(3) 是否需要购买额外的硬件？

(4) 是否需要专人维护？

备忘录 1-B　客户假设

目标：设想谁是潜在客户，他们亟待解决的问题是什么。

记录者：客户发展团队负责人

参与者：客户发展团队和产品开发团队

时间：3~5 天

完成条件：客户发展团队和产品开发团队一致认可假设的内容。

- ☐ **定义不同类型的客户**。

(1) 谁是产品的最终用户？

(2) 谁是影响决策者和推荐者？

(3) 谁是出资者？

(4) 谁是决策者？

(5) 谁是作梗者？

- ☐ **去哪里寻找天使客户**？

- ☐ **客户亟待解决的问题是什么**？

(1) 最让客户苦恼的是什么？

(2) 面对同一个问题，不同职位的人的苦恼有什么不同？

(3) 假设可以用魔法改变现状，客户希望发生什么？

- **进一步对客户进行分类**。

(1) 有潜在需求的客户。

(2) 有迫切需求的客户。

(3) 主动构想解决方案的客户。

- **客户是否认识到问题的存在？**

- **客户目前是如何解决问题的？**

(1) 客户目前使用哪些产品？效果如何？

(2) 如果改用你的产品，则会有哪些变化？

- **客户对产品的喜爱程度如何？**

- **估算客户的投资回报率**。

(1) 要考虑哪些因素？

(2) 客户是否认可估算结果？

备忘录 1-C　渠道和定价假设

目标：提出有关销售渠道和产品定价的假设。

记录者：客户发展团队负责人

参与者：客户发展团队和产品开发团队

时间：2~4 天

完成条件：客户发展团队和产品开发团队一致认可假设的内容。

- ☐ 潜在客户习惯哪种购买途径？

(1) 企业自己采购。

(2) 从固定经销商处购买。

(3) 网上订购。

(4) 零售店。

- ☐ 根据产品特点画出销售渠道。

(1) 估算每个销售环节的成本。

(2) 估算扣除销售成本后的利润。

- ☐ 市场上是否有同类产品？

(1) 如果市场上有同类产品，它们的价格水平如何？

(2) 如果市场上没有同类产品，解决问题的成本有多高？

- ☐ 第一年大概能销售多少产品？
- ☐ 估计产品定价。

备忘录 1-D　需求创造假设

目标：提出如何创造需求的假设。

记录者：客户发展团队负责人

参与者：客户发展团队和产品开发团队

时间：2~4 天

完成条件：客户发展团队和产品开发团队一致认可假设的内容。

☐　**客户可能从哪些途径获取产品信息？**

(1) 广告。

(2) 口碑营销。

(3) 产品展销会。

☐　**列出能帮助你创造需求的合作伙伴。**

(1) 广告公司。

(2) 公关代理公司。

(3) 专业服务机构。

☐　**列出行业中具有影响力的人物。**

(1) 技术牛人。

(2) 行业分析师。

☐　**列出主要媒体的联系人。**

备忘录 1-E　市场类型假设

目标：提出有关市场类型的假设。

记录者：客户发展团队负责人

参与者：客户发展团队和产品开发团队

时间：2~3 天

完成条件：客户发展团队和产品开发团队一致认可假设的内容。

❑　**产品应该选择哪种市场？**

(1) 市场上已有同类产品，新产品为客户提供了备选方案。

(2) 市场上已有同类产品，新产品做出了改良，可以替代现有产品。

(3) 市场上没有同类产品。

❑　**如果选择现有市场，则**

(1) 有哪些竞争对手？谁在引领市场？

(2) 竞争对手各占多少市场份额？

(3) 占市场份额最大的竞争对手的营销预算是多少？

(4) 进入现有市场的代价有多大？

(5) 客户最看重哪些性能指标？竞争对手如何定义性能？

(6) 前三年计划占领多少市场份额？

(7) 竞争对手如何定义市场？

(8) 是否存在统一的行业标准？标准由谁制定？

(9) 公司是打算遵守行业标准、扩展标准，还是另立标准？

- **如果选择细分市场，则**

(1) 目标客户来自哪些现有市场？

(2) 目标客户有哪些特征？

(3) 目标客户的哪些迫切需求是现有产品无法满足的？

(4) 产品必须具备哪些特性才能打败竞争对手？

(5) 为什么竞争对手没有提供这些特性？

(6) 预计细分市场的规模有多大？培养这样规模的市场需要多长时间？

(7) 如何培养细分市场？如何创造需求？

(8) 预计前三年的销售额是多少？

- **如果选择全新市场，则**

(1) 与新市场相关的现有市场有哪些？

(2) 潜在客户来自哪些现有市场？

(3) 潜在客户的迫切需求是什么？

(4) 产品的主要功能是什么？

(5) 预计新市场的规模有多大？培养这样规模的市场需要多长时间？

(6) 如何培养新市场？如何创造需求？

(7) 开拓新市场的预算是多少？

(8) 成功后如何甩开蜂拥而至的模仿者？

备忘录 1-F　竞争优势假设

目标：提出有关竞争优势的假设。

记录者：客户发展团队负责人

参与者：客户发展团队和产品开发团队

时间：2~3 天

完成条件：客户发展团队和产品开发团队一致认可假设的内容。

❑　**同类产品有哪些**？

(1) 谁是直接竞争对手？

(2) 竞争表现在哪些方面？是功能、性能、价格，还是渠道？

(3) 竞争对手的产品哪些方面让你心动？哪些方面让客户心动？

(4) 如果暂时没有竞争对手，则如何解决目前客户的问题？

❑　**客户凭什么选择购买我们的产品**？

(1) 竞争对手的优势是什么？是产品功能还是服务？

(2) 他们的宣传口号是什么？

(3) 相比之下，你的优势是什么？

(4) 你能提供更多的功能、更高的性能，还是更低的价格？

(5) 假设要改进同类产品的设计，你认为首先应该从哪方面下手？

备忘录 2-A　约见潜在客户

目标： 为约见潜在客户做准备。

记录者： 客户发展团队负责人

参与者： 客户发展团队

时间： 5~10 天

完成条件： 拟出破冰方法，列出约见 50 个潜在客户的计划。

- ❑ **物色 50 位调查对象。**

(1) 从身边的朋友、同事、投资人、律师、会计和其他创业者处物色。

(2) 不必太在意对方的职位和头衔（但最好避开名人）。

(3) 不必刻意寻找你心目中的目标客户。

- ❑ **准备破冰措辞。**

(1) 告诉对方谁是你的推荐人。

(2) 告诉对方你们正在做什么。

(3) 你们打算解决什么问题。

(4) 你不推销产品。

- ❑ **列出联系计划。**

(1) 所有成员坚持每天至少打 10 个电话。

(2) 确保平均每天见 3 位调查对象。

备忘录 2-B 验证客户的问题

目标：准备请潜在客户验证有关待解决问题的假设。

记录者：客户发展团队负责人

参与者：客户发展团队

时间：1~3 天

完成条件：准备好展示问题用的资料。

❑　**准备问题展示表格。**

(1) 你要解决什么问题？

(2) 客户目前如何解决问题？

(3) 你的解决方案。

❑　**准备简单的调查问卷。**

备忘录 2-C　深入理解客户

目标：拜访客户，了解客户的工作（或生活）细节。

记录者：客户发展团队负责人

参与者：客户发展团队

时间：5~15 天

完成条件：获取真实的客户反馈信息。

- ❏ **客户如何工作（或生活）？**

(1) 询问客户的工作（或生活）细节。

(2) 请客户描述工作（或生活）流程。

(3) 少发表意见，多倾听。

- ❏ **最让客户头痛的问题是什么？**

(1) 在这个问题上，什么让客户觉得最难受？

(2) 它给客户带来了多少损失？

(3) 假设可以用魔法改变现状，客户希望发生什么？

- ❏ **客户在什么情况下愿意使用新产品？**

(1) 更便利的功能？

(2) 低廉的价格？

(3) 其他条件？

❑ **询问那些优秀的受访对象愿不愿意再次接受拜访。**

(1) 愿不愿意加入产品顾问委员会？

(2) 愿不愿意把你推荐给熟人？

(3) 愿不愿意帮你推广产品？

备忘录 2-D 收集市场信息

目标：找业界分析师和媒体记者聊参加行业贸易展销会的情况，以更好地掌握目标市场。

记录者：客户发展团队负责人

参与者：客户发展团队

时间：5~10 天

完成条件：了解行业的生态环境。

- ☐ **坚持每天请 1 位业内人士吃午饭，以收集信息。**

(1) 行业发展趋势是什么？

(2) 还有哪些客户需求没能满足？

(3) 谁是市场的宠儿？

(4) 我应该阅读哪些报纸和杂志？

(5) 找谁进一步了解信息？

(6) 应该和哪些潜在客户联系？

- ☐ **阅读权威信息（如华尔街的行情分析报告）。**

- ☐ **参加行业会议和贸易展销会。**

备忘录 3-A　第一次评估产品假设

目标：根据客户的反馈信息，修正第一步提出的产品假设。

记录者：客户发展团队负责人

参与者：客户发展团队和产品开发团队

时间：1 天

完成条件：客户发展团队和产品开发团队达成一致意见。

❑　对接受调查的对象进行分类。

(1) 有潜在需求。

(2) 有迫切需求。

(3) 主动构想解决方案。

❑　分析客户待解决的问题。

(1) 客户自己最想解决的是哪些问题？

(2) 这些问题严重到什么程度？

(3) 客户目前用什么方法解决问题？

❑　画出潜在客户的工作（或生活）流程。

(1) 目前的流程是什么样的？

(2) 使用产品后会带来哪些变化？

(3) 变化明显吗？

☐ **产品在多大程度上满足客户需求？**

(1) 是恰好满足，还是完全无法满足？

(2) 客户是否愿意购买产品？

☐ **如果完全无法满足，是什么原因造成的？**

(1) 调查的对象不合适？

(2) 拜访的人数还不够多？

(3) 该问的问题没问？

☐ **拜访客户还有哪些发现？**

(1) 最出乎意料的发现是什么？

(2) 最让人失望的事情是什么？

☐ **回顾并修改第一步提出的产品发布计划。**

(1) 评估产品功能，经过修改、调整、删除不必要的功能后，确定第一版产品。

(2) 产品开发团队撰写未来 18 个月的产品路线图。

☐ **回顾第一步提出的其他假设，根据客户的反馈逐一修改。**

备忘录 3-B　准备产品演示

目标：准备产品演示。

记录者：客户发展团队负责人

参与者：客户发展团队

时间：3~5 天

完成条件：准备好演示产品的资料。

- ❏ **如果此时还无法开发真实产品，则可以开发产品原型（重要功能不超过 5 项）。**

- ❏ **撰写介绍文案时避免使用夸张和不切实际的广告用语。**

(1) 从替客户解决问题的角度介绍产品。

(2) 介绍客户使用产品前的状态。

(3) 描述使用后的状态，两相对比效果更好。

- ❏ **准备未来 18 个月的产品路线图。**

备忘录 3-C　再次拜访客户

目标：检验修正后的假设。

记录者：客户发展团队负责人

参与者：客户发展团队

时间：15~60 天

完成条件：收集更多的客户反馈信息，确定产品是否对客户有吸引力。

- ❏ **挑选要拜访的客户**。

(1) 回访第一次接受拜访的客户。

(2) 拜访第一批客户推荐的同事和朋友。

(3) 企业级产品至少要比第一次多拜访 5 位新客户；消费类产品至少要比第一次多调查 50 位客户。

- ❏ **再次验证待解决的问题**。

(1) 向客户说明产品要解决什么问题。

(2) 为什么你认为解决这个问题很重要？

(3) 客户是否愿意掏钱解决这个问题？

- ❏ **演示（介绍）产品**。

(1) 产品能解决问题吗？

(2) 需要进行哪些调整？

(3) 第一版产品应该具备哪些功能？

☐ **向客户展示使用产品前后有哪些变化。**

(1) 你认为产品还会改变公司里哪些人的工作状态？

(2) 客户是否认同？

☐ **虚心倾听客户的意见。**

(1) 产品是否能满足客户的需求？

(2) 哪些功能是必须的？

(3) 还缺少什么功能？

(4) 是否需要第三方的额外支持？

(5) 你的产品是否与众不同？

(6) 是仅在某方面比同类产品表现出色，还是毫无特色？

☐ **验证其他假设。**

(1) 是否认同你的定价策略？

(2) 客户习惯怎样购买产品？

(3) 客户通过哪些渠道了解新产品信息？

(4) 是否会请人推荐产品？

(5) 会不会参加产品展销会？

(6) 经常阅读哪些杂志和报纸？

❑ **了解企业级客户的采购流程。**

(1) 企业采购内部要办理哪些手续?

(2) 每一步做什么?

(3) 涉及哪些职位和人?

(4) 由谁掏钱?

备忘录 3-D　第二次评估产品假设

目标：根据客户的反馈信息修正产品假设。

记录者：客户发展团队负责人

参与者：客户发展团队和产品开发团队

时间：1~2 天

完成条件：客户发展团队和产品开发团队达成一致意见。

❑　目前的产品设计在多大程度上可以满足客户的需求？

(1) 完全满足客户的需求。

(2) 部分满足客户的需求。

(3) 基本上无法满足客户的需求。

❑　调整产品设计和产品发布计划。

(1) 根据客户反馈信息调整产品各项功能的优先级。

(2) 重新规划 18 个月内的产品发布计划。

❑　修改其他假设。

(1) 市场类型。

(2) 销售渠道。

(3) 定价策略。

备忘录 4-A 阶段小结

目标：回顾、总结工作成果,判断下一步走向。

记录者：客户发展团队负责人

参与者：客户发展团队和产品开发团队

时间：1~3 天

完成条件：客户发展团队和产品开发团队达成一致意见。

- ☐ 是否抓住了客户亟待解决的问题?

- ☐ 能否确定解决客户问题的产品方案?

- ☐ 是否找到了可行的、可盈利的商业模型?

- ☐ 是否明白客户使用产品前后有哪些变化?

- ☐ 能否清晰地画出公司、客户、用户、销售渠道的关系图?

- ☐ 判断下一步走向。

(1) 再开展一轮客户探索?

(2) 进入客户检验阶段?

附录 B
客户检验备忘录
Customer Validation Checklist

　　附录 B 记录了客户发展方法第二阶段（客户检验）的关键步骤和要点。备忘录的编号采用"阿拉伯数字-英文字母"的形式，阿拉伯数字 1、2、3、4 分别代表客户检验的第一步、第二步、第三步、第四步，英文字母代表正文中相应的要点。例如"备忘录 1-A"表示客户探索第一步的 A 要点。读者可以把这个备忘录当成模板，根据自己的实际情况（比如不同的市场类型）制作更适合自己公司的备忘录。

备忘录 1-A　提出价值主张

目标：用一两句话描述公司的核心价值观。

记录者：客户发展团队负责人

参与者：客户发展团队

时间：5~10 天

完成条件：初步提出价值主张。

☐ **客户探索过程中有什么收获？**

(1) 让客户最头痛的三个问题是什么？

(2) 这些问题的共同特征是什么？

(3) 客户在谈论这些问题时经常使用哪些词语？

(4) 客户最喜欢产品的哪些功能？

(5) 这些功能给客户的工作和生活带来了哪些变化？

(6) 与同类产品相比，你的产品优势是什么？

☐ **构思价值主张应该注意以下 4 点**。

(1) 具有情感吸引力。

(2) 凸显优势。

(3) 名副其实，不能虚假宣传。

(4) 符合市场类型。

备忘录 1-B　准备销售资料

目标：根据价值主张起草产品销售资料、产品数据表格、产品展示文档、产品报价单、合同模板等。

记录者：客户发展团队负责人

参与者：客户发展团队

时间：10~30 天

完成条件：完成起草产品销售资料、产品数据表格、产品展示文档、产品报价单、合同模板等的工作。

❑ **有针对性地制作资料**。

(1) 不同类型的客户需要的资料不同。

(2) 即使是同一家公司，不同层次、不同岗位客户的关注点也不一样。

❑ **资料包括**：

(1) 展示文档。

(2) 演示用产品原型。

(3) 数据表格。

(4) 报价单。

(5) 合同模板。

备忘录 1-C 制定渠道策略

目标：在确定销售渠道的基础上，进一步制定渠道策略。

记录者：客户发展团队负责人

参与者：客户发展团队

时间：3~5 天

完成条件：完成制定渠道策略的工作。

- **销售渠道及其分工**。

(1) 画出销售渠道的关系图（参考图(3)5）。

(2) 记录每个渠道合作商在销售过程中的分工和作用。

- **产品销售分成方式**。

(1) 每个渠道合作商都要求销售分成，销售渠道越长，销售成本越高。

(2) 寄售商品要考虑退货比例。

- **渠道管理**。

备忘录 1-D　制定销售路线图

目标：制定销售路线图，为营销人员提供工作指南。

记录者：客户发展团队负责人

参与者：客户发展团队

时间：3~5 天

完成条件：完成制定销售路线图的工作。

❑ **客户组织结构图和影响关系图。**

(1) 绘制客户的组织结构图。

(2) 在组织结构图的基础上绘制影响关系图。

(3) 影响关系图注明说服客户的先后顺序。

❑ **对企业级产品而言，制定销售策略主要考虑以下几个问题。**

(1) 销售对象处在什么职位和级别？是企业高管还是业务部门的员工？

(2) 必须说服哪些部门？

(3) 是不是每个部门都意识到了问题的存在？

(4) 应该先拜访谁，后拜访谁？不同部门不同职位的人是否需要不同的说服策略？

(5) 哪一步最有可能使推销失败？

❑ **如果是消费类产品，则应该考虑以下几个问题。**

(1) 销售对象是什么群体？是在校大学生还是年轻父母？

(2) 购买产品是个人行为还是家庭决策？需要哪些人同意？

(3) 若是集体购买，应该先说服谁，后说服谁？不同的人是否需要不同的说服策略？

(4) 哪一步最有可能使推销失败？

备忘录 1-E　统一内部意见

目标：客户发展团队与产品开发团队的意见要事先统一，避免向客户做出承诺后又改口。

记录者：客户发展团队负责人

参与者：客户发展团队

时间：1 天

完成条件：客户发展团队和产品开发团队达成一致意见。

- **产品发布日期和产品功能。**

(1) 再次确认第一版产品的发布日期。

(2) 请产品开发团队重新估计后续版本的功能及完成日期。

- **销售资料。**

(1) 请产品开发团队检查销售资料。

(2) 请产品开发团队的成员在资料上逐一签字，表示认可。

- **开发人员同意拿出至少 10% 的时间参与售后服务。**

备忘录 1-F　正式组建产品顾问委员会

目标：组建产品顾问委员会。

记录者：客户发展团队负责人

参与者：客户发展团队

时间：1~3 天

完成条件：组建产品顾问委员会。

❑ **委员会包括以下几种类型的顾问。**

(1) 技术顾问。

(2) 客户顾问。

(3) 行业顾问。

(4) 业务顾问。

备忘录 2-A　物色天使客户

目标：物色 5~10 位天使客户。

记录者：客户发展团队负责人

参与者：客户发展团队

时间：3~8 天

完成条件：物色 5~10 位天使客户。

☐　**成为天使客户的条件**。

(1) 意识到问题的存在。

(2) 主动寻找或自己动手制定解决方案。

(3) 有足够的预算购买产品。

(4) 愿意购买尚不成熟的产品。

☐　**这些人不是天使客户**。

(1) 专职在媒体上发表产品评论的人。

(2) 谨慎的主流客户。

备忘录 2-B　检验销售路线图

目标：检验销售路线图的可行性。

记录者：客户发展团队负责人

参与者：客户发展团队

时间：30~60 天

完成条件：至少成功推销 3 款产品。

☐ **画出潜在客户的组织结构图**。

(1) 找出影响者。

(2) 找出决策者。

(3) 找出作梗者（如果有的话）。

☐ **制定推销策略**。

(1) 先接触哪个部门比较容易？

(2) 后接触哪个部门阻力更小？

(3) 应该向谁借力？

(4) 帮客户估算投资回报率。

☐ **其他注意事项**。

(1) 拒绝客户讨价还价的要求，不轻易降低产品售价。

(2) 记录每次销售的结果，分析失败的原因。

备忘录 2-C　检验渠道策略

目标：检验渠道策略的可行性。

记录者：客户发展团队负责人

参与者：客户发展团队

时间：5~10 天

完成条件：找到愿意合作的渠道合作商。

☐ **根据之前假设的渠道策略寻找渠道合作商。**

(1) 对方希望如何收费（提成）？

(2) 对方的业务流程是什么样的？

(3) 对方认为自己有哪些优势？

(4) 对方有没有经销同类产品的经验？

☐ **注意事项**。

(1) 渠道合作商只关心利润，不关心产品解决什么问题。

(2) 渠道合作商不会帮你创造需求。

备忘录 3-A　调整产品定位

目标：根据手头掌握的信息调整产品定位。

记录者：客户发展团队负责人

参与者：客户发展团队

时间：2~4 天

完成条件：形成书面产品定位说明。

❏ **产品定位取决于产品面对的市场类型。**

(1) 现有市场应该分析同类产品,突出产品的优势,比如技术指标。

(2) 全新市场应该充分展示产品要解决的问题,避免一味强调产品的技术优势。

(3) 细分市场应该突出价格优势或同类产品不具备的小众特色。

备忘录 3-B　调整公司定位

目标：根据手头掌握的信息调整公司定位。

记录者：客户发展团队负责人

参与者：客户发展团队

时间：2~4 天

完成条件：形成书面的公司定位说明。

❑ **公司定位同样取决于产品面对的市场类型。**

(1) 现有市场应该分析竞争对手，凸显公司的优势和信誉。

(2) 全新市场无竞争对手，不必强调优势，应该充分展示公司的宏伟愿景。

(3) 细分市场应该凸显细分市场如何使客户受惠，以及公司改变现状的创新思路。

备忘录 3-C 向行业分析师和有影响力的人展示产品

目标：请行业分析师和有影响力的人对产品定位、公司定位、产品功能发表意见，查漏补缺。

记录者：客户发展团队负责人

参与者：客户发展团队

时间：2~4 天

完成条件：收集到有用的信息。

☐ **再次拜访你之前接触过的行业分析师和有影响力的人。**

(1) 对方能给你多长时间？

(2) 对方希望用什么形式展示产品（是用 PPT 介绍、演示产品原型，还是口头聊聊）？

(3) 希望你重点介绍哪些内容（是技术、市场、客户，还是需求）？

(4) 注意展示的目的不是向对方推销产品，而是引发对方思考，发现问题。

☐ **常见问题。**

(1) 哪些公司在尝试生产同类产品？

(2) 产品定位是否符合市场需求和客户需求？

(3) 公司定位是否合适？

(4) 产品价格应该定在什么水平？

(5) 其他公司的产品价格如何？

(6) 组建公司时会遇到哪些麻烦（筹集资金、招聘员工、竞争压力等）？

(7) 对方建议下一步该做什么？

❏ **注意事项**。

(1) 尽量争取他们的支持，为今后借助媒体宣传产品做准备。

(2) 事先了解拜访对象关注哪些领域。

备忘录 4-A　阶段小结

目标：回顾、总结工作成果，判断下一步走向。

记录者：客户发展团队负责人

参与者：客户发展团队和产品开发团队

时间：1~3 天

完成条件：客户发展团队和产品开发团队达成一致意见。

- ❑　是否找到了天使客户认可的产品解决方案？
- ❑　是否找到了可行的销售路线图？
- ❑　是否找到了可行的销售渠道？
- ❑　判断下一步走向。

(1) 再开展一轮客户检验。

(2) 进入客户培养阶段。

致谢
Acknowledgments

有三位优秀的导师分别从不同的角度影响了我长达 25 年的创业生涯。本·韦格布雷特（Ben Wegbreit）教我学会思考，戈登·贝尔（Gordon Bell）教我应该思考什么，而艾伦·米歇尔斯（Allen Michels）教我如何把思想变成实践。

我很幸运，在事业刚刚起步时，我从三位硅谷前辈那里学到了很多东西。Mohr Davidow 风险投资公司的创始人比尔·达维多（Bill Davidow，曾担任 Intel 公司营销部门主管）所著的一系列以客户为中心的著作深深地启发了我。我创办 MIPS 公司时，他是我的投资人。公关与营销方面的传奇人物里吉斯·麦肯纳（Regis McKenna）用他的创业实践为我指明了方向。杰弗里·摩尔（Geoffrey Moore）提出的跨越鸿沟理论让我感到震惊，他激励着我寻找适合自己的商业模式和规律。

感谢加州大学伯克利分校莱斯特创业与创新中心的主任杰里·恩格尔（Jerry Engel），他最先邀请我为哈斯商学院的学生授课，讲授客户发展的课程。哈斯商学院的约翰·弗里曼（John

Freeman）教授进一步完善了我提出的有关市场类型影响产品销售周期的理论。感谢我的助教罗布·马吉特莱斯（Rob Majteles），他替我处理了很多事务性的工作。感谢斯坦福大学的教授汤姆·拜尔斯（Tom Byers）、马克·莱斯利（Mark Leslie）、奥黛丽·麦克莱恩（Audrey Maclean）和迈克·莱昂斯（Mike Lyons）邀请我为他们的工科研究生授课。感谢哥伦比亚大学商学院把这本书用作 MBA 课程的教材。

我的两位投资人，MDV 公司的约翰·费伯（John Feiber）和 Foundation Capital 公司的凯瑟琳·古尔德（Katherine Gould）不仅为我提供创业资金，更是我创业路上最值得信赖的伙伴。

我的朋友，史蒂夫·温斯坦（Steve Weinstein）、鲍勃·多尔夫（Bob Dorf）、伯纳德·弗兰克尔（Bernard Fraenkel）、托德·巴切（Todd Basche）和吉姆·威克特（Jim Wickett）在我的写作过程中提出了许多中肯的意见。

Core Mobility 公司的创始人康斯坦丁·奥思默（Konstantine Othmer）以及 IMVU 公司的创始人威尔·哈维（Will Harvey）和埃里克·里斯（Eric Ries，《The Lean Startup》的作者）最早尝试采用本书提到的客户发展方法来创业。他们甚至要求所有员工阅读本书。埃里克白天忙于创业，晚上帮我编辑书稿，帮我消灭了许多拼写和语法错误。

没有这些人的帮助，这本书将逊色不少。

最后感谢我的妻子艾莉森·埃利奥特（Alison Elliott），感谢她容忍我对客户发展方法的痴迷，并且支持我讲授相关课程。她提出了许多有益的写作建议，帮助我理清思路。没有她就不会有本书。

封面说明

About the Cover

《上帝创造亚当》是意大利文艺复兴时期艺术三杰之一米开朗基罗（1475—1564年）的壁画作品。该画是西斯廷礼拜堂巨幅穹顶壁画《创世纪》的局部。《创世纪》全长 36.54 米，宽 13.14 米，描绘了《旧约》中创世纪的 9 个场景，气势恢宏，人物众多。米开朗基罗用了四年时间，独自一人仰卧在十几米高的脚手架上完成该画，工作强度之大在技术尚不发达的 16 世纪简直难以想象。

画中亚当慵懒地斜卧在山坡上，他成熟健美的体格，充满年轻人的活力与柔和。胸部、手臂和大腿的肌肉散发着健康的气息和大理石般的光泽。米开朗基罗认为只有雕塑才是最好的艺术表现形式，他一生只承认自己是雕塑家，即使后来他的画作足以与其雕塑作品相媲美，也仍是如此。在他的画中，人物俨然是一尊尊大理石雕像，富有光泽和立体感。